Susanne Huber-Nienhaus

GLÜCKLOSE LIEBE

Das Verhältnis der Geschlechter im Spiegel der Liebesgedichte von Erich Kästner und Kurt Tucholsky

ibidem-Verlag
Stuttgart

Bibliografische Information Der Deutschen Bibliothek

Die Deutsche Bibliothek verzeichnet diese Publikation in der Deutschen Nationalbibliografie; detaillierte bibliografische Daten sind im Internet über <http://dnb.ddb.de> abrufbar.

∞

Gedruckt auf alterungsbeständigem, säurefreien Papier
Printed on acid-free paper

ISBN: 3-89821-430-3

Printed in Germany

Susanne Huber-Nienhaus

Glücklose Liebe

Das Verhältnis der Geschlechter im Spiegel der Liebesgedichte von Erich Kästner und Kurt Tucholsky

Umschlagphotographie von Sylvia Dams

Inhaltsverzeichnis

1 Vorbemerkungen

1.1 Ausgangspunkte

Gedichte haben wieder Konjunktur und das Thema 'Liebe' nimmt dabei einen großen Raum ein.
Die Schwierigkeiten mit der Liebe, die "*Dramaturgie des Scheiterns*"[1] wird von den Lyrikern der Gegenwart in allen Einzelheiten und vielen Variationen geschildert.
Ist diese Tendenz in der Gegenwartslyrik Ausdruck einer neuen Innerlichkeit? Oder ist die Erkenntnis, dass in den "*finstren Zeiten*" (B. Brecht), in denen wir leben, Liebe nicht mehr rettende Insel sein kann[2], der eigentliche Ausgangspunkt dieser Literatur? "*Liebesverlustanzeige(n) in Versen*"[3] sind jedenfalls häufig vorfindbar: Konstantin Wecker singt von einer Liebe, die "*wie ein Taschentuch*"[4] verloren ging, Peter Paul Zahl spricht von einer Liebe, die abhanden gekommen ist, "*... ist weg, ist einfach weg, einfach so. So ist es immer, wie sollte es anders sein?*"[5] Das ist nicht so neu, das erinnert an Kästner, bei dem es schon fast ein halbes Jahrhundert früher hieß: "*Als sie einander acht Jahre kannten (...) kam ihre Liebe plötzlich abhanden. Wie anderen Leuten Stock oder Hut.*"[6]
Gerade was die Schwierigkeiten mit 'Liebe' anbelangt, können Kästner und auch Tucholsky als Vorfahren vieler Gegenwartslyriker gelten.
In dieser Arbeit sollen die Liebesgedichte dieser beiden Autoren näher untersucht werden. Auch die Beschäftigung mit ihren Versen führt zu der Frage: Sind sie Ausdruck eines Rückzugs in die Innerlichkeit oder wird in ihnen scheinbar Privates wie Liebe aller Privatheit entblößt – in seiner Verflechtung

---

[1] Klaus Konjetzky: Die karge Dramaturgie des Scheiterns; in: Jan Hans (Hrsg.): Seit Du weg bist. Liebesgedichte danach. Reinbek/Hamburg 1982, S. 54f.
[2] "No place to hide" sangen die Beatles und artikulierten damit das Lebensgefühl im Atomzeitalter.
[3] Volker Klotz: Lyrische Anti-Genrebilder; in: W. Müller-Seidel (Hrsg.): Historizität in Sprach- und Literaturwissenschaft. Vorträge und Berichte der Stuttgarter Germanistentagung 1972. München 1974, S. 479ff.
[4] Konstantin Wecker: LP: Liederbuch. Hamburg 1978, S. 2.
[5] Peter Paul Zahl: Herz-Schmerz; in: Jan Hans (Hrsg.): Seit Du weg bist, ebd. S. 74f.
[6] Erich Kästner: Gesammelte Schriften für Erwachsene, Bd. 1. München/Zürich 1969, S. 111 (künftig zitiert als: Kästner, Schriften)

und gesellschaftlichen Bedingtheit als mögliches oder un-mögliches Phänomen sichtbar?
Genauer gefragt: Wie ist die Perspektive, aus der das Verhältnis der Geschlechter betrachtet wird? Wird die Glücklosigkeit auch zum Ausdruck für die Fragwürdigkeit der herrschenden Rollenverteilung zwischen Mann und Frau oder scheint sie im Charakter der Liebe 'an sich' begründet zu sein? Wird Liebe also mehr im privaten oder auch im politischen Kontext[7] gesehen?
Es ist ein Anliegen dieser Arbeit, zu verdeutlichen, dass sich gerade im Spiegel des Geschlechterverhältnisses der Bewusstseinsstand des lyrischen Ichs verräterisch widerspiegelt.
Wenn, wie es Kästners Anliegen war, versucht wird, stellvertretend für Zeitgenossen zu schreiben, dann wird zu fragen sein, ob er, wenn er in seinen Gedichten in die verschiedenen Rollen schlüpft, in einer Weise verfährt, die jenen einen unbarmherzigen Spiegel vorhält oder einen nachträgt.[8]
Leisten, so wird die weitere Frage sein, diese Gedichte Bewusstmachung, leiten sie Erkenntnisprozesse ein oder erschöpft sich ihre Wirkung in einem Identifikationsangebot für die Rezipienten, das vor allem dazu dient, die Ware Literatur besser an den Mann zu bringen – als Konsumartikel?!
Diese Überlegungen betreffen einen Aspekt der Lyrik von Kästner und Tucholsky, der bislang in der Literaturwissenschaft wenig Beachtung gefunden hat.
Dies mag, was Tucholsky anbelangt, noch verständlich scheinen: Es ist seit den 60er Jahren fast ausschließlich der explizit politische Tucholsky, der hellsichtige Publizist, dessen Einschätzungen auch heute noch von so brennender Aktualität sind[9], dass die Beschäftigung mit ihm notwendig scheint und die dem Warner Tucholsky auch zu der Wirkung verhelfen konnte, die ihm zeit seines Lebens vorenthalten blieb.

[7] Dies ist beispielsweise im Rahmen der Studentenbewegung der späten 60er Jahre zu leisten versucht worden.

[8] Vgl. Walter Benjamin: Linke Melancholie; in: „Die Gesellschaft 8/1931“. Zitiert nach Hans N. Fügen (Hrsg.): Wege der Literatursoziologie. Neuwied/Berlin 1968, S. 115ff.

[9] Als Beispiel aus neuester Zeit kann das Programm "Tucholsky in Rock" des Kabarett-Theaters "die Katakombe" dienen. Es bestand fast ausschließlich aus der Darbietung politisch aktueller Tucholsky-Zitate (beispielsweise über Arbeitslosigkeit). "Sie schläft" war das einzige Liebesgedicht im Programm.

Zudem sind seine Liebesgedichte sowie seine Gedichte und Artikel über Liebe, die Institution Ehe, Sexualität u. ä. innerhalb seines Gesamtwerkes verstreut[10] und nehmen auch keinen allzu großen Stellenwert ein.

Bei Kästner aber, dessen lyrisches Schaffen dieser Jahre durch eine vorrangige Thematisierung des Bereichs Liebe/Sexualität gekennzeichnet ist[11], verwundert, dass einem sie konstituierenden Element, nämlich dem in diesen Versen zutage tretenden Verhältnis der Geschlechter, bisher wenig Bedeutung zugemessen wurde. Was bislang so wenig Beachtung verdient hat, soll hier in den Mittelpunkt gestellt werden.
Das Herausschälen eines neuen Aspekts bringt notwendigerweise die Vernachlässigung anderer Aspekte mit sich, was aber nicht heißt, dass diese nicht auch von Bedeutung sind.
Die Konzentration auf die Darstellung des Geschlechterverhältnisses auf dem Hintergrund größerer Zusammenhänge scheint sinnvoll, um dem selbst gestellten Anspruch, eine Lücke[12] zu füllen, nachkommen zu können.

[10] Die auflagenstärkste Auflage ist die zehnbändige Taschenbuchausgabe seiner Gesammelten Werke, Reinbek/Hamburg 1975.

[11] Helmuth Kiesel erwähnt im Kapitel "die Gedichte: Gebrauchslyrik", dass Kästner durch seine Gedichte bekannt wurde. Kästners Gedicht "Nachtgesang des Kammervirtuosen" erregte beispielsweise so viel Aufsehen, dass es 1927 zur fristlosen Entlassung Kästners aus der Redaktion der "Neuen Leipziger Zeitung" führte. Der provokatorische Gehalt seiner Gedichte zum Zeitpunkt ihres Erscheinens steht also außer Frage. Heute aber ist Kästner vor allem als Kinderbuchautor bekannt. Vgl. Helmuth Kiesel: Erich Kästner. Autorenbücher. München 1981, S. 58ff.

[12] Nur wenn alle Aspekte im dichterischen Schaffen untersucht worden sind, kann es zu einer angemessenen Einschätzung des literarischen Gesamtwerks kommen.

1.2 Gegenstandsbereich

1.2.1 Zum Begriff 'Liebesdichtung'

Gegenstand der literaturwissenschaftlichen Untersuchung sind Erich Kästners und Kurt Tucholskys Liebesgedichte und nicht ihre Gedichte über Liebe. Diese werden aber, wo sie wegen ihres erörternden Charakters von großem Erkenntniswert für eine genauere Einschätzung des Geschlechterverhältnisses in den Liebesgedichten sind, in einem angemessenen Rahmen Erwähnung finden. Um den genannten Unterschied zu verdeutlichen, ist zunächst eine Definition des Begriffs 'Liebesdichtung' notwendig.
Lexika[13] geben uns folgende Auskunft:

1. Zur Liebesdichtung werden solche literarischen Werke gerechnet, welche nicht vor allem den sexuellen (erotische Dichtung), sondern den gefühlhaften, den seelisch-geistigen Bereich einer Liebesbeziehung zum Thema haben.
2. Die thematische Erfassung des Liebeserlebnisses in all seinen Ausstrahlungen findet in der Liebeslyrik am unmittelbarsten statt, da sie das persönliche Erlebnis abgelöst vom äußeren Geschehen zum Ausdruck bringt.
3. Liebeslyrik hat einen konkreten Adressaten, ein 'Du' im Gedicht.

Diese Definitionen bedürfen einer Ergänzung:

Zu 1. Diese zu platonischer Prüderie neigende Differenzierung lässt meiner Meinung nach ein Hauptkennzeichen der Liebeslyrik der Weimarer Re-publik, (nämlich das Wegfallen dieses Unterschieds), aus dem Blick geraten.
Zu 2. Damit ist eigentlich nicht viel gesagt. Soweit die Behauptung von Unmittelbarkeit und Handlungsarmut zutrifft, so betrifft sie jede Art von Lyrik; und zwar in dem Sinne, dass "*Nicht-Narrativik*" die "*grundlegendste Ei-*

[13] Vgl. Meyers Enzyklopädisches Lexikon. 9. Auflage, Bd. 15. Mannheim/Wien/Zürich 1975, S. 82; Schweizer Lexikon, Bd. 4. Zürich 1947, S. 166; Gero von Wilpert: Sachwörterbuch der Literatur. 5. Auflage. Stuttgart 1969, S. 134. (In Standardwerken wie Brockhaus, Kindlers Literaturlexikon, Reallexikon für Literatur etc., wird 'Liebesdichtung' nicht als gesondertes Stichwort aufgeführt.)

genschaft"[14] jedes lyrischen Textes ausmacht. Die Rede vom 'persönlichen Erlebnis' weist wohl noch auf Dilthey[15] zurück und lenkt den Blick ab vom Text hin auf eine wie immer auch zu fassende "*Dichterpersönlichkeit*" (W. Kayser)[16], die nun wiederum ihrerseits Sinn und Wahrheitsgehalt des 'Erlebnisses' zu garantieren hat. Für die Textanalyse ist es jedoch relevant, inwieweit in einem Gedicht ein Erlebnis postuliert wird; ob es sich um ein 'wirkliches' handelt, mag dabei nur den Biographen interessieren. Darüber hinaus jedoch stellt die moderne Liebeslyrik oft die Abhängigkeit des Liebeserlebnisses von äußeren Bedingungen (und das heißt auch konkret von gesellschaftlichen Determinanten) dar.
Zu 3. Dieser Satz scheint mir tatsächlich eine wesentliche Bestimmung des Begriffs zu enthalten. Denn nicht alle Texte, die das Thema 'Liebe' zum Gegenstand haben, sind schon allein deshalb als Liebesgedichte zu betrachten, sondern nur diejenigen, in welchen das Sprechen von Liebe gerichtet ist an ein Gegenüber, an eine Geliebte, an einen Geliebten (und zwar als im Text direkt angesprochene Person.)

Hans Wagener weist darauf hin, dass es für die Liebeslyrik geradezu kennzeichnend ist, neue Normen zu setzen und damit bis an die Grenzen des jeweils Erlaubten vorzudringen. "*Die Verbindlichkeit von poetologischen Regeln und emotionalen Verhaltensnormen*"[17] ist in dem hier interessierenden Zeitraum nicht mehr so stark ausgeprägt.

> "Neben dem literaturhistorischen und individuellen mag auch ein dokumentatorisches Moment in der Liebeslyrik Aufmerksamkeit verdienen: Der historische Wandel in den Geschlechterbeziehungen ist an ihr ablesbar. Zwar sind gerade Liebesgedichte nicht immer Ausdruck von Wirklichkeit, aber ihre Projektion von (...) Idealen, Utopien bezeugen in ihrer Subjektivität das Selbstverständnis einer histori-

---

[14] Jürgen Link: Das lyrische Gedicht als Paradigma des überstrukturierten Textes; in: Helmut Brackert u. Eberhard Lämmert (Hrsg.): Funk-Kolleg Literatur. Bd. 1, 2. Auflage. Frankfurt/Main, S. 234ff.
[15] Programmatisch dazu Wilhelm Dilthey: Das Erlebnis und die Dichtung. Leipzig/Berlin 1905, (1970 bereits in der 15. Auflage erschienen).
[16] Wolfgang Kayser: Das sprachliche Kunstwerk. 16. Auflage. Bern/München 1973, S. 224
[17] Hans Wagener (Hrsg.): Deutsche Liebeslyrik. Stuttgart 1982, S. 357.

> schen Epoche oft eindeutiger als viele, scheinbar objektive Dokumente."[18]

Diese Einschätzung verdeutlicht, dass das Verhältnis der Geschlechter ein Gradmesser für das Bewusstsein einer Gesellschaft ist und demzufolge Liebesdichtung immer auch als politische Dichtung anzusehen ist.

[18] Wagener, Liebeslyrik, S. 357.

1.2.2 Stichwort: Verhältnis der Geschlechter

Bereits der Titel dieser Arbeit kann als Hinweis darauf gelten, dass das Geschlechterverhältnis kein ungetrübtes ist. Der bloße Umstand, dass dieses Verhältnis bis zum heutigen Tag ein Problem, ein Gegenstand öffentlicher Diskussionen bleiben konnte, deutet darauf hin, dass das Verhältnis zwischen Mann und Frau gestört ist. Das Geschlechterverhältnis ist bis heute nicht durch liebevollen Umgang miteinander gekennzeichnet, es hat vielmehr Kampfcharakter.[19]
Aber auch in anderen Bereichen zeigt sich die Problematik des Mann-Frau-Verhältnisses. Erst 1918, also nur wenige Jahre vor der Abfassung der hier untersuchten Texte, wurde den Frauen in Deutschland das Wahlrecht und damit politische Mitsprache gewährt. Eine krasse Form der Ungleichheit vor dem Gesetz war nun zwar beseitigt, die Situation der Frauen aber hatte sich durch dieses neu erworbene Grundrecht nicht grundsätzlich verbessert, weil sich dadurch an der Polarisierung der Geschlechterrollen nichts änderte. Frauen und Frauendasein wurden weiterhin von Männern definiert, die ihnen ihrer 'Natur' und 'Bestimmung' entsprechende Aufgaben zuordneten.[20] Es gilt inzwischen als Allgemeinplatz: Das Herrschaftsverhältnis innerhalb der Familie spiegelt das innerhalb des Staates bestehende wider.

Weiterhin wurden den Frauen von Männern (als dem Herrschaft ausübenden Geschlecht) die Aufgaben häuslicher Arbeit, der Pflege und Fürsorge zuge-

---

[19] Vgl. Peter Sloterdijk: Kritik der zynischen Vernunft, Bd. 2. Frankfurt/Main 1983, S. 623. Sloterdijk schreibt zum Kampfcharakter: "Man kann nicht realistisch von Sexualität sprechen, ohne von Verfeindungen und Polemik zu handeln. In einer Gesellschaft wie der unseren scheint die Attraktion der Geschlechter von vorneherein verbunden mit Machtkämpfen (...), mit Duellen um das Oben und das Unten, mit Verrechnungen von Lust gegen Sicherheit, mit Kompromissen zwischen Angst und Hingabe." Angst und Lust, Verklemmung und Neugier treten besonders deutlich dann zutage, wenn eine Umwertung der Werte vor sich geht, wie in der Weimarer Republik. Tradierte Rollenzuweisungen spuken noch in den Köpfen herum, während die Anforderungen der Gesellschaft die Relevanz eines solchen Denkens ad absurdum geführt haben.

[20] Vgl. Margaret Mead: Mann und Weib. Das Verhältnis der Geschlechter in einer sich wandelnden Welt. 11. Auflage, Hamburg 1977, S. 263. Die Fragwürdigkeit von Rollenzuweisungen hat Margaret Mead nachgewiesen: "Es gibt nicht eine einzige männliche Eigenschaft, der, in einem anderen Volkstum, einer anderen Gesellschaft, nicht eine als weiblich gekennzeichnete entspräche." (ebd.)

wiesen. Denn um im Besitz von Macht zu bleiben, musste den Frauen ein selbständiger Zugang zum öffentlichen Leben verwehrt, d. h. vorenthalten werden. So blieb der Geschlechtsunterschied der personale Ausdruck eines Machtunterschieds.[21] Das Verhältnis der Geschlechter ist also nicht, wie es jahrhundertlang Überzeugung gewesen ist, in der Wesensart von Mann und Frau begründet, sondern spiegelt Konvention und Satzung einer Gesellschaft.

1.3 Zum Verfahren

1. Einzelinterpretationen bilden den Kern der vorliegenden Arbeit. Auch im Bereich von "Gebrauchsliteratur" kann das Typische einer Textreihe nie durch das Reden über Texte (und damit meist von einem vorab schon gesicherten Urteil über diese hinweg), sondern nur durch die genaue Analyse des je Einzelnen ausgewiesen werden.
   Die Beschreibung des spezifischen Funktionierens der Werke, die Einsicht in "*die Logik ihres Produziertseins*"[22], die einzig Erkenntnis der Literaturwissenschaft fundiert, erweist sich gerade als mühsam, wo jene scheinbar an der 'Oberfläche' der Texte offen zutage liegt. Doch gerade dann kann diese Analyse doppelt notwendig werden, lässt doch die leichte Identifikation mit dem scheinbar Einfachen das übersehen, was es verschleiert.[23] Die Textorientiertheit der Arbeit bringt einen gewissen Zitatenreichtum mit sich. Es schien aber nicht sinnvoll, aus rein optischen Gründen auf diese Belege zu verzichten. Die Chance der Überprüfbarkeit ist in der Textanalyse nur dann gegeben, wenn das Untersuchungsobjekt selbst vor Augen ist.

2. Um transparent zu machen, auf welches Material diese Arbeit zurückgreifen kann, schien eine Bestandsaufnahme angebracht. Diese um-

[21] Vgl. Mead, Mann und Weib, S. 263.
[22] Theodor W. Adorno: Valérys Abweichungen; in: ders.: Noten zur Literatur, Bd. 2. Frankfurt/Main 1961, S. 43.
[23] Vgl. Dirk Walter: Zeitkritik und Idyllensehnsucht. Erich Kästners Frühwerk (1928-1933) als Beispiel linksbürgerlicher Literatur in der Weimarer Republik. Heidelberg 1977, S. 2.

fasst zwei Teile: Im ersten Teil versuche ich, das dichterische Selbstverständnis Kästners und Tucholskys zu beleuchten, im zweiten Teil soll ein kurzer Einblick in die Forschungsliteratur, unser Thema betreffend, gegeben werden.

3. Ausgehend von diesem Bestand unternehme ich den Versuch, das Phänomen der Glücklosigkeit, der "*Entfremdung in der Liebe*"[24] genauer zu untersuchen, als es bislang geschehen ist: Zu diesem Zwecke wird das in anderen Gedichten der beiden Autoren auftauchende Bild von Mann und Frau in die Untersuchung miteinbezogen, was zu einer genaueren Bestimmung des an den Liebesgedichten bereits ablesbaren Geschlechterverhältnisses führt.
4. Zur Bestimmung der affirmativen Elemente in der Darstellung des Verhältnisses zwischen Frau und Mann bei Kästner vergleiche ich einige seiner Liebesgedichte mit Gedichten von Mascha Kaléko, und zwar solche, die jeweils vom Thema her fast identisch sind.
5. Zur besseren Einschätzung des Klimas, in dem diese Vorstellungen vom Verhältnis der Geschlechter entwickelt wurden, war es notwendig, den historischen Hintergrund näher zu beleuchten: Ein Exkurs über die Sexualmoral in der Weimarer Republik dient diesem Zweck.
6. Einige der hier untersuchten Texte sind für das Kabarett geschrieben worden. Selten nur gibt es Untersuchungen der spezifischen Struktur von Kabarettliedern. Die einen meinen, dass sich die Mühe nicht lohne, und die anderen, dass es nur auf den Inhalt und darüber hinaus nur auf die daran zu rankende Anekdote ankomme.

   In dieser Arbeit werden nun auch Lieder dieses Genres ernst genommen. Dazu bedarf es mehr als der werkimmanenten Interpretation. Zum Kabarett gehört auch das Besondere seiner Aufführungssituation; deshalb erschien ein Exkurs über die Geschichte des Kabaretts in der Weimarer Republik sinnvoll: Er vervollständigt das Wissen über die Kulisse, vor der Kästners und Tucholskys Verse zu sehen sind.
7. Zur Skizzierung der Produktionsbedingungen von Literatur bedarf es zusätzlich noch der Feststellung und Analyse der stofflichen Vorlagen. Diese stammen nicht nur aus dem Bereich der literarischen Tradition

oder bestehen ja nicht nur aus dokumentarischem Material der allgemeinen Geschichte. Gerade das Thema 'Liebe' als Objekt des schriftstellerischen Bemühens legt es nahe, nach dem privaten Erlebnishintergrund zu fragen. Dabei ist es wichtig, sich vor einer Überschätzung der biographischen Informationen zu hüten. Sie sind ein Teil des stofflichen Materials unter anderem, das in die Dichtung eingegangen sein mag.
So war es nicht erforderlich, den biographischen Hintergrund in Zusammenhang mit den interpretierten Gedichten bei Tucholsky zu erwähnen. Bei Kästner hingegen schien es angebracht, sein problematisches Mutterverhältnis und das daraus resultierende Verhältnis zu Frauen anzusprechen, da es als ein wichtiger Faktor seiner lyrischen Produktion sichtbar wird.

[24] "Unhappy End – Entfremdung in der Liebe" ist der Titel von Walters Ausführungen zu Kästners Liebeslyrik. Vgl. Walter, Zeitkritik und Idyllensehnsucht, S. 162.

2 Hauptteil

2.1 Bestandsaufnahme / Teil I

2.1.1 Zum dichterischen Selbstverständnis von Erich Kästner und Kurt Tucholsky

"*Die neue Sachlichkeit*"[25], zu deren Vertretern auch Kästner und Tucholsky gezählt werden können, ist gekennzeichnet durch das Entstehen von Gebrauchs- und Zweckliteratur.[26] Die Realität sollte, ganz im Gegensatz zum Expressionismus, möglichst unverfälscht wiedergegeben werden. Das dafür gewählte Verfahren, welches für den damaligen bürgerlichen Geschmack nicht als Kunst galt und auch nicht gelten wollte, musste eines sein, das für die Rezipienten verständlich war. Gattungen wie Dokumentar- und Lehrstükke, Reportage- und Tatsachenromane und der Song, die zu dieser Zeit entwickelt wurden, dienten der dichterischen Umsetzung dieses Anspruchs.
Auch in der Lyrik, dem esoterischen Bereich der Literatur, wirkte sich das Anliegen dieser neuen Strömungen aus: 'Gebrauchslyrik' war das Wort, das Aufgabe und Funktion dieser Verse deutlich machen sollte.[27]

Nach Einschätzung dieser Literaten determinierten die gesellschaftlichen Verhältnisse das Leben des einzelnen dermaßen, dass dem Individuum kein Freiraum mehr blieb.

---

[25] Die Parole für diese neue künstlerische Richtung gab im Jahr 1923 G. F. Hartlaub aus.

[26] Vgl. R. Grimm und J. Hermand (Hrsg.): Die sogenannten Zwanziger Jahre. (First Wisconsin Workshop), Bad Homburg/Berlin/Zürich 1970, S. 5-11. Im Bereich der Lyrik zählen zu den bekanntesten Vertretern der Neuen Sachlichkeit in der Literatur (neben Erich Kästner und Kurt Tucholsky) Brecht, Benn und Ringelnatz. Der Begriff 'Neue Sachlichkeit' schloss eine Anzahl verschiedener Strömungen ein: Grimm/Hermand verweisen auf die Schwierigkeiten, hierfür geeignete Kategorien zu finden. Im Zusammenhang mit den Liebesgedichten Kästners und Tucholskys scheint mir jedoch die von ihnen angegebene Unterscheidung für die grobe Kennzeichnung der Verse der beiden Autoren angemessen. Bei Tucholsky ist sicher die "aggressiv-konkrete" Komponente vorfindbar, und Kästners Verse bestimmen ohne Frage "simpel-sentimentale" Tendenzen. (Vgl. Grimm/Hermand: Die sogenannten Zwanziger Jahre, S. 7.)

[27] Vgl. Bertold Brechts Aussage: "Und gerade Lyrik muß zweifellos etwas sein, was man ohne weiteres auf den Gebrauchswert untersuchen können muß." (Zum Lyrik-Wettbewerb 1927, in: Bertold Brecht: Gesammelte Werke. Band 18 (Schriften zur Literatur und Kunst I), Frankfurt/Main 1967, S. 55.)

> "Damit war auch die Konstruktion der 'affirmativen Kultur' mit dem Titel 'Seele' suspekt geworden: Als eine Technik im Register der Kulturtechniken (...). Bei dem Versuch, die Lyrik konsequent auf das Niveau kapitalistischer Gleichzeitigkeit zu bringen, orientierten sich die neusachlichen Lyriker an modernen Gesetzen der Marktmechanismen."[28]

Bezogen auf die hier referierten Autoren wird deutlich, dass Kästner unter dem Begriff 'Gebrauchslyrik' etwas anderes versteht als Tucholsky. Die folgenden Ausführungen sollen diesen Unterschied verdeutlichen.

2.1.2 Zwei verschiedene Arten von Gebrauchslyrik Intention und Wirkung

Bei Tucholsky erscheint das Wort 'Gebrauchslyrik' als Titel einer Rezension, in welcher er das lyrische Werk des Arbeiterdichters Oskar Kanehl bespricht. Zur näheren Erläuterung des Begriffs führt Tucholsky aus:

> "Es hat zu allen Zeiten eine Sorte Lyrik gegeben, bei der die Frage nach dem Kunstwert eine falsch gestellte Frage ist: ich möchte diese Verse 'Gebrauchs-Lyrik' nennen. Nur scheinbar hebt hier ein Begriff den anderen auf. Der politische, ethische oder religiöse Zweck benutzt, um auf die Massen zu wirken, die Formen der Kunst, deren nichtalltägliche Ausdrucksformen ihm sehr gelegen kommen. Die Wirkung soll sofort erfolgen, sie soll unmittelbar sein, ohne Umschweife – die These passiert also nicht die Kunst, sie wird nirgends sublimiert, sondern unmittelbar, in literarischer Maskerade, vorgeführt. Dergleichen hat nichts mit 'Tendenzkunst'[29] zu tun, die das grade Gegenteil der Gebrauchslyrik ist: ein tendenziöses Gedicht ist ein Gedicht; die Verse der Gebrauchslyrik sind gereimtes oder rhythmisches Parteimanifest."

Kanehl schreibe:

> "glasklar in der Diktion, ohne weiteres verständlich, die Worte sind aus der Zeitung und dem täglichen Leben genommen, prägen sich

[28] Helmuth Lethen: Neue Sachlichkeit 1924-1932. Studien zur Literatur des "Weißen Sozialismus". 2., durchges. Auflage, Stuttgart 1975, S. 45.

[29] Als Kennzeichnung von Tendenzdichtung ist primär Unterordnung künstlerischer Mittel zugunsten eines politischen Zwecks zu nennen. Vgl. Otto F. Best: Handbuch literarischer Fachbegriffe. Definitionen und Beispiele. Frankfurt /Main 1972, S. 284.

> leicht ein und kommen der Vorstellungswelt des Arbeiters weit entgegen."[30]

Man vergleiche nun, was Kästner zwei Jahre später – ohne den Namen Tucholsky zu nennen – zum Begriff 'Gebrauchslyrik' anmerkt:

> "Man hat für diese Art von Gedichten die Bezeichnung 'Gebrauchslyrik' erfunden, und die Erfindung beweist, wie selten in der jüngsten Vergangenheit wirkliche Lyrik war. Denn sonst wäre es jetzt überflüssig, auf ihre Gebrauchsfähigkeit wörtlich hinzudeuten. Verse, die von den Zeitgenossen nicht in irgendeiner Weise zu brauchen sind, sind Reimspielereien, nichts weiter."[31]

So wird diese Art von Lyrik zum Gegenpol einer bloß "*hohl*" klingenden[32] Literatur ohne Gehalt, die sich als Reproduktion scheinbar den Kunstcharakter garantierender Muster in Wahrheit doch nur fürs "*Museum*"[33] eignet. 'Gebrauchslyrik' wendet sich gegen derartige Klassifizierungen:

> "Weg mit allem Pathos, aller Rhetorik, allem Singsang und Liralei: Dafür ein direkter Uppercut auf die linke Schläfe des Lesers oder ein blitzschneller Schlag in die Herzgegend. Rapides Bild, überzeugender Ausdruck ..."[34]

Eine Provokation liegt schon in der Kombination der beiden Begriffsbereiche 'Gebrauch' und 'Lyrik'. War es doch den literarischen Vorvätern Kästners und Tucholskys im 'fin de siècle' darum gegangen, die Poesie als 'poésie pure', die künstlerische Literatur als 'l´art pour l´art' zu etablieren.[35]

Die Lyriker werden nun dem Handwerker vergleichbar.

---

[30] Kurt Tucholsky: Gesammelte Werke. Hrsg. Von Mary Gerold-Tucholsky und Fritz J. Raddatz. Bd.6 (1928). Reinbek/Hamburg 1975, S. 316ff. (künftig zitiert als: Tucholsky, Werke)

[31] Kästner, Schriften, Bd. 1, S. 135. Oskar Loerke weist in einem Aufsatz darauf hin, wie sehr das Gedicht in den 20er Jahren von der breiten Leserschaft als überflüssig, lästig und ohnmächtig empfunden wurde. (Vgl. Oskar Loerke: Formprobleme der Lyrik. In: "Neue Rundschau", 40. Jg., Bd. 1, 1929, S. 110ff.) Kästners Einschätzung der Situation war wohl ähnlich.

[32] Vgl. Kästner, Schriften, Bd. 1, S. 134.

[33] Kästner, Schriften, Bd. 1, S. 135.

[34] Ivan Goll: Hai Kai. In: LW, Jg. 2, Nr. 48, 12. November 1926, S. 3.

[35] Vgl. zu dieser Thematik: Roger Bauer u. a. (Hrsg.): Fin de siècle. Zur Literatur und Kunst der Jahrhundertwende. Frankfurt/Main 1977

> "Ihre Beschäftigung ist wieder ein Beruf"; 'ars' ist wieder 'techné', aber nicht ganz so wichtig: "Sie (die Lyriker) sind wahrscheinlich nicht so notwendig wie die Bäcker und die Zahnärzte; aber nur weil Magenknurren und Zahnreißen deutlicher Abhilfe fordern als nicht-körperliche Verstimmungen."[36]

Literatur ist für Kästner Therapeutikum für seelische Beschwerden. Doch diese 'Medizin' muss, um den Patienten helfen zu können, bestimmten Anforderungen genügen, muss dem Zustand des zu Heilenden angepasst sein. Damit bestimmt die Gebrauchsfunktion die Form:

- Thematisierung relevanter, d. h. dem Leser vertrauter Bereiche;
- Verwendung allgemeinverständlicher (Umgangs-) Sprache.

Kästner hat seine Vorstellungen weiter erläutert:

> "Zum Glück gibt es ein oder zwei Dutzend Lyriker – ich hoffe fast, mit dabei zu sein –, die bemüht sind, das Gedicht am Leben zu erhalten. Ihre Verse kann das Publikum lesen und hören, ohne einzuschlafen; denn sie sind seelisch verwendbar. Sie wurden im Umgang mit den Freuden und Schmerzen der Gegenwart notiert; und für jeden, der mit der Gegenwart geschäftlich zu tun hat, sind sie bestimmt, (...). Es gibt wieder Verse, bei denen auch der literarisch unverdorbene Mensch Herzklopfen kriegt oder froh in die leere Stube lächelt. Es gibt wieder Lyriker, die wie natürliche Menschen empfinden und die Empfindungen (und Ansichten und Wünsche) in Stellvertretung ausdrücken."[37]

Zwei Formulierungen aus diesem Zitat müssen als problematisch angemerkt werden: erstens, was bedeutet die Phrase "*literarisch unverdorbener Mensch*"; ist derjenige, der sein Kulturprogramm ausschließlich vom 'Reichssender Berlin' empfängt, im positiven Sinne unverdorben gegenüber dem, der seinen Kunstbegriff der Lyrik Heyses oder Geibels verdankt? Zweitens, inwieweit ist der Bewohner der modernen Großstadt der Weimarer Republik noch "*natürlicher Mensch*"?![38]

---

[36] Kästner, Schriften, Bd. 1, S. 135.

[37] Kästner, Schriften, Bd. 1, S. 135.

[38] Dazu schreibt Ernst Bloch: "In Verhältnissen, die die Menschen noch schiefer machen (...), ist der Mensch etwas, was erst noch gefunden werden muss." Ernst Bloch: Spuren (1930). 2. Auflage. Frankfurt/Main 1979, S. 32.

Stellt 'Geschichtslosigkeit', Unkenntnis von literarischer und kultureller Tradition schon die Voraussetzung für unverfälschtes, wahres Empfinden dar? Es ist in diesem Zusammenhang wichtig, auf einen Unterschied zwischen Kästners und Tucholskys Anspruch in diesen Punkten hinzuweisen: Was bei Tucholsky als Beitrag zur Propaganda der literarischen Bewegung[39] legitimiert ist, findet sich bei Kästner ins Private gewendet; was bei Tucholsky die Rolle des Dichters als "*Helfer*" nur im Sinne eines Umformers der Parolen in Reime begründet, fehlt bei Kästner, der sich lieber in der Funktion des 'Seelendoktors' und 'Beichtvaters' verstanden wissen möchte.[40] Die Intention Kästners ist klar. Lyrik soll für die Masse "*seelisch verwendbar*" sein: Lyrik als Lebenshilfe.[41] Die von Kästner selbst angeführten Beispiele für die intendierte Wirkung von Literatur zeigen jedoch, dass nicht an eine praktisch lebensverändernde Effizienz gedacht ist, sondern primär an die Ermöglichung unmittelbarer Identifikation.
Ganz anders Tucholsky über Kanehl:

> "Er sagt, was ist, und er sagt denen, die darunter leiden, wie sie es ändern sollen"[42]

- zu beidem bedarf es der einfachen Form. Tucholskys Rezension der didaktisch orientierten Literatur des Arbeiterdichters Kanehl lässt keinen Zweifel darüber, dass sich bei diesen unmittelbar zweckgerichteten Versen die Frage nach dem Kunstcharakter gar nicht stellt. Wird nun von Kästner ein ähnlich begründeter Gebrauchswert für seine gesamte lyrische Produktion beansprucht, soll dieser auch uneingeschränkt für seine Liebeslyrik gelten, so

---

[39] Vgl. Tucholsky, Werke, Bd. 6, S. 318.

[40] Vgl. das Vorwort zur Anthologie "Dr. Erich Kästners Lyrische Hausapotheke": "Es war seit jeher mein Bestreben, seelisch verwendbare Strophen zu schreiben (...). Ein der Therapie dienendes Taschenbuch, ein Nachschlagewerk, das der Behandlung des durchschnittlichen Innenlebens gewidmet ist. (...) Es ist zudem bekömmlich, zu erfahren, dass es anderen nicht anders und nicht besser geht als uns selber." (Kästner, Schriften, Bd. 8, S. 193f.) Diesen Zweck kann auch, unter bestimmten Prämissen, jegliche Art von sprachlichen Äußerungen erfüllen. "Es ist aber anzunehmen, dass auch ein primitiver Schlager zu Lebenshilfe werden kann, denn (...) zu einem geworteten Gefühl können wir uns irgendwie stellen, es überwältigt uns weniger als das ungewortete." (Ernst Leisi: Paar und Sprache. Linguistische Aspekte der Zweierbeziehung. Heidelberg 1978, S. 17.)

[41] Vgl. Kästner, Schriften, Bd. 1, S. 135.

[42] Tucholsky, Werke, Bd. 6, S. 318.

muss sich, vor dem Hintergrund seiner apologetisch provozierenden Argumentation, die Frage nach dem literarischen Wert dieser Texte stellen.
Dabei geht es nicht in erster Linie um eine Entscheidung über die Zugehörigkeit der hier in Frage stehenden Texte zum Kanon der 'höheren' Literatur, sondern um eine Bewertung der Texte nach ihrer Erkenntnisleistung. Unter diesem Gesichtspunkt wird der Begriff 'Gebrauchslyrik' bei Kästner erneut problematisch. Das provokante Ausspielen von formaler Artistik und einfacher Form schließt nämlich eine affirmative Funktion von Texten nicht von vornherein aus. Entscheidend ist vielmehr, ob die Einheit von Form und geformtem Stoff Ausdruck des "*jeweils fortgeschrittensten Denkens der Zeit*"[43] ist.
Meisterhafte Variation innerhalb eines vorgegebenen Rahmens von syntaktisch-semantisch Möglichem war etwa für die Liebeslyrik des Mittelalters noch Ausweis des Kunstcharakters der Werke und somit auch Grundlage für eine Erfüllung ihrer Funktion als Ort der Rollenreflexion der führenden Schichten. Bei diesen Texten mussten die extratextuellen Bezüge im Text selbst weitgehend explizit gemacht sein, seine Bauprinzipien offen zutage liegen und der Bezug zur Wirklichkeit ein eindeutiger und – worin alles vorhergehende enthalten ist – das Bild der Realität im Text ein konventionell vorgegebenes, erwartbares sein. Möglich war nur die leichte Abweichung, nicht der Bruch der Konvention: "*Kunstvolle Wiederholung der komplizierten Konventionen des künstlerischen Rituals – das war es, was man vom Künstler erwartete und forderte.*"[44]

Sieht man von der Kategorie der 'Kompliziertheit' einmal ab, so sind die genannten Bestimmungen für die Produktions- und Rezeptionsbedingungen der Werke die heute für die Trivialliteratur gültigen. Denn diese Art von Literatur sagt nun gerade nicht, 'was ist', und welche Möglichkeiten der Veränderung es gibt, weil sie niemals die Gründe aufzeigt, warum es 'so ist'. Vielmehr lügt sie, um dem Ablenkungsbedürfnis ihrer Leser Rechnung zu tragen.[45]

---

[43] Vgl. hierzu Jurij M. Lotman: Vorlesungen zu einer strukturalen Poetik. München 1972, S. 187.
[44] Lotman, Vorlesungen, S. 187.
[45] Vgl. Helmut Kreuzer: Trivialliteratur als Forschungsproblem. In: "'Deutsche Vierteljahresschrift", Nr. 41, 1967.

Die Frage, inwieweit die Intention, 'Gebrauchsliteratur' schreiben zu wollen, diesen Texten bereits einen Gebrauchswert (in Hinblick auf eine Aufklärung über die Wirklichkeit) verleihen kann, entscheidet sich am gewählten künstlerischen Verfahren der Texte selbst. Künstlerische Texte der Moderne müssen bestimmte Grundbedingungen erfüllen, wenn sie als Kunstwerke (und nicht als für den Tag verfasste Flugblätter) einen erhellenden Bezug zur Wirklichkeit für sich beanspruchen wollen. Von seinen allgemeinsten Bestimmungen her muss ein künstlerischer Text zu einer höchstmöglichen "*Komplexität der textexternen Struktur*" bei "*Vereinfachung*" des Textes tendieren, das Verständnis seiner "*scheinbare(n)*" Einfachheit erfordert einen "*Reichtum an extratextuellen Kulturbezügen*"[46]. Nur dann erhält er ein Maß an Informativität[47], das über das bloße Identifikationsangebot hinaus dem Leser selbst zu denken aufgibt. Und nur dann, wenn dem Leser damit die Möglichkeit gegeben ist, in Auseinandersetzung mit dem Text zur Selbstreflexion zu gelangen, kann Literatur zur Erkenntnis über die Wirklichkeit beitragen und damit tatsächlich so etwas wie Lebenshilfe werden.

---

[46] Jurij M. Lotman: Die Struktur literarischer Texte. München 1972, S. 410. und 419.

[47] Vgl. Robert-Alain de Beaugrande und Wolfgang U. Dressler: Einführung in die Textlinguistik. Tübingen 1981.

2.2 Bestandsaufnahme / Teil II

2.2.1 Die 'glücklose Liebe' in der Sicht der Sekundärliteratur

Das Verhältnis der Geschlechter in Kästners Liebesgedichten wurde in der Sekundärliteratur nicht ausführlich untersucht. Zu diesem speziellen Thema gibt es, was Tucholsky anbelangt, keinerlei Literatur. Einen Zusammenhang zwischen der 'Glücklosigkeit' und dem Status quo im Verhältnis der Geschlechter herzustellen, ist bislang in keiner Untersuchung geleistet worden. Aber auch der alleinige Umstand, dass das Moment der Glücklosigkeit von Liebesbeziehungen für diese Verse das bestimmende ist, hat die Literaturwissenschaft bisher nur peripher interessiert.

Bei Hermann Kesten bleibt es bei der bloßen Feststellung dieses Phänomens:

> "In seinen Versen erscheint Kästner nicht als glücklicher Mensch. Er liebt in seinen Versen nicht (...). Die meisten Situationen der Liebe, die er schildert, sind Folgen unglücklicher Liebe oder führen zum Unglück."[48]

Die Schlüsse, die Kesten aus dieser Beobachtung zieht, sind wenig erkenntnisfördernd und hilfreich: Kästner sei ein zum Optimismus äußerst entschlossener, reimender Pessimist, der Liebe als verstellten Hass sehe und für den die Ehe eine spezifische Art der Folter darstelle.
Für ihn sind Kästners Gedichte in summa nichts anderes als eine "*transfigurierte Autobiographie*"[49].
Den "*Antifeminismus eines Vielverliebten*" [50] notiert Kesten zwar, aber bloß zur besseren Charakterisierung der Person des Autors; er bringt ihn nicht in Zusammenhang mit dem von ihm angemerkten Moment der Glücklosigkeit in Kästners Versen. Das heißt: er sieht keine Verbindung zwischen der antife-

[48] Hermann Kesten: Einleitung zu Kästner, Schriften, Bd. 1, S. 25. An dieser Stelle wird bereits deutlich, dass für Kesten Autor und lyrisches Ich vollständig identisch sind: eine Sichtweise, die bei jedem künstlerischen Text sehr problematisch ist.
[49] Kesten, Einleitung zu Kästner, Schriften, Bd. 1, S. 19.
[50] Kesten, Einleitung zu Kästner, Schriften, Bd. 1, S. 27.

ministischen Haltung des Autors und dessen negativen Erfahrungen mit 'Liebe'.

Das ist überraschend, weil doch gerade die problematische Gleichsetzung von Autor und Werk die Vermutung nahe legt, Kästners psychische Strukturierung, seine männlichen Verhaltensmuster würden die Art seines jeweiligen Liebeserlebnisses determinieren. Diese Schlussfolgerung bleibt jedoch aus.

Für Helga Bemmann sind die *"Romanzen in Moll"*[51] zum Leitmotiv der Kästnerschen Lyrik geworden: Liebe und Schmerz gehören zusammen, es scheint keine Chance mehr für privates Glück zu geben; deshalb die Ratlosigkeit und die Resignation in diesen Versen, deren Sprache *"von großer Eindringlichkeit"*[52] sei.

In Gedichten wie "ein Mann gibt Auskunft" sieht sie, wie Kesten, autobiographische Bekenntnisse.

Verwundert äußert sie sich über die Diskrepanz zwischen seinen Gedichten und den privaten Äußerungen (in veröffentlichten Briefbänden):

> "Zum Bild des sensiblen, rücksichtsvollen, einfühlsamen Partners, den die Gedichte suggerieren, scheinen diese Haltungen überhaupt nicht zu passen."[53]

Auf welche Gedichte sie sich bezieht, bleibt unklar, denn in Kästners Liebeslyrik ist dieser von ihr beschriebene Typus nicht vertreten. Nirgendwo begegnet uns der zitierte 'einfühlsame Partner', Entfremdung[54] ist das die Liebesbeziehungen kennzeichnende Phänomen. Kühle, Unsicherheit und Angst bestimmen das Klima (vgl. *"Ein gutes Mädchen träumt"*[55], *"Sachliche Romanze")*.

---

[51] Helga Bemmann, Humor auf Taille. Erich Kästner. Leben und Werk. Berlin-Ost 1983, S. 181.

[52] Bemmann, Humor auf Taille, S. 181.

[53] Bemmann, Humor auf Taille, S. 182.

[54] Volker Klotz weist anhand eines Gedichts dieses Entfremdungsphänomen präzise nach. Für ihn ist die "Sachliche Romanze" ein Paradebeispiel für die Haltung vieler Autoren der 'Neuen Sachlichkeit'. Der Zustand der Ratlosigkeit, Leere und Melancholie, in dem die Liebenden in diesen Versen vorgeführt werden, ist Ausdruck der Wirklichkeitssicht dieser Dichter, die durch ein Verharren im Gegebenen und ein Übersehen von Möglichem zu kennzeichnen ist. (Vgl. Klotz, Lyrische Anti-Genrebilder)

[55] Zu diesem Gedicht merkt Tucholsky an, dass von Kästner "mit keiner Silbe etwas für das träumende Mädchen gesagt wird", das von seinem Freund immer wieder weggeschickt wird, um das vergessene Buch zu holen. (Tucholsky, Werke, Bd. 8, S. 312.)

H. Bemmann scheint zu übersehen, dass die Gedichte Kästners in einem Zusammenhang mit seiner Haltung stehen und dass die Auswahl der Themen und die gewählte Verfahrensweise etwas über das Bewusstsein des Autors offenbaren. Das Bewusstsein des Autors kann nicht in befremdlicher Diskrepanz zu seinen Gedichten stehen, vielmehr prägt es sie.[56]
Kästners private Erfahrungen spiegeln sich in einigen seiner Gedichte, so die Trennung von einer Freundin nach acht Jahren.[57]
In einem Brief an seine Mutter schreibt er:

> "Ich sagte (zu Ilse), wichtig sei nicht, ob der Mann gut oder lieb sei, sondern daß die Frau ihn liebhabe. Acht Jahre hätte ich sie liebgehabt (...) dann war es Zeit in den Zug zu steigen. Sie hat geweint und gewinkt. Ich habe gewinkt und auch beinahe geweint."[58]

Die Kränkung Kästners wird aus diesem Zitat deutlich und die Anmaßung, die darin liegt, dem anderen die alleinige Verantwortung am Scheitern einer Beziehung zuzuweisen. In der poetischen Umsetzung dieser Erfahrung wird das dann zur fatalistischen Haltung, die die Verse prägt. Es bleibt das Opfer-Gefühl, der eigene Anteil an der Entstehung und am Schwinden von Emotionen wird nirgendwo deutlich. So heißt es in der "*Sachliche(*n*) Romanze*": "*Als sie einander acht Jahre kannten (...) / kam ihre Liebe plötzlich abhanden (...)*".[59]
Diese Zusammenhänge entdeckt H. Bemmann nicht. Sie merkt jedoch an, dass sich Kästners starke Mutterbindung auf seine Beziehungen zu Frauen

---

[56] Im Gegensatz dazu betont Kästner ausdrücklich: "Im Widerspruch mit dem eigenen Bedürfnis enthielt ich mich regelmäßig jener Publikation, die nichts weiter gewesen wäre als die Bekanntgabe persönlicher Stimmungen und Einsichten." (Kästner, Schriften, Bd. 8, S. 193). Aber die Tatsache, dass er sich genötigt sieht, eigens darauf hinzuweisen, macht seine Beteuerungen nicht gerade glaubwürdiger.

[57] Luiselotte Enderle in der Einleitung zu einem veröffentlichten Briefband: "Während des vierten Semesters (...) hatte er die Studentin Ilse J. kennen- und lieben gelernt. Man beschloß (...) zu heiraten. Aber es kam anders. Nach acht Jahren war Ilses Zuneigung abgekühlt. Man löste die Verbindung. Erich Kästner war zutiefst gekränkt." (Erich Kästner: Mein liebes, gutes Muttchen Du! Briefe und Postkarten aus 30 Jahren. Ausgewählt und eingeleitet von Luiselotte Enderle. Hamburg 1981, S. 13.)

[58] Kästner: Mein liebes, gutes Muttchen, Du! , S. 35.

[59] Kästner, Schriften, Band 1, S. 111.

sehr belastend ausgewirkt hat.[60] Auch dieser Umstand findet in den Gedichten seinen Ausdruck, denn er beeinflusst das Bild der Frau, wie noch wiederholt gezeigt werden wird, maßgeblich.
Dies verfolgt H. Bemmann nicht genauer; sie distanziert sich wenig von Kästners Selbsteinschätzung als Moralist und Aufklärer und gewinnt so nur wenige neue Erkenntnisse.

Gerd Albert Brendel untersucht E. Kästners Gebrauchslyrik im Verständnishorizont des Amerikanismus-Phänomens der 20er Jahre.[61] Trotz seines Erkenntnisinteresses kommt er zu bemerkenswerten Ergebnissen hinsichtlich des Frauenbildes in Kästners Versen. Diese auf Massenwirksamkeit angelegte Lyrik sei nicht, wie es erst den Anschein habe, gekennzeichnet durch eine unendliche Vielfalt von Rollen, vielmehr würde eine sehr begrenzte Anzahl von Figuren[62] zu Wort kommen.
Er wählt davon den am häufigsten vertretenen Typ der Gedichtbände *"Herz auf Taille" (1927 und "Lärm im Spiegel" (1929), den Typ des 'Fräuleins'*: Das sind die Frauen, die sich von tradierten Moralvorstellungen frei gemacht haben und nicht mehr in der Rolle der Frau und Mutter verharren.[63]
Anhand der Gedichte "*Ballgeflüster/Moralische Anatomie/Ansprache einer Bardame/Chor der Fräuleins/Chor der Girls*" gelingt es Brendel herauszuarbeiten, wie sehr Kästner seine eigenen Moralvorstellungen in die Aussagen der Rollenträger dieser Gedichte miteingebracht hat.[64]

---

[60] Wie sehr sich Kästners Mutter in die Liebesbeziehungen des Sohnes eingemischt hat, macht folgendes Zitat deutlich: "Ilse hat schon wieder gekündigt! (...) Na ja, das haben wir (Heraushebung durch die Verf.), ihr ja immer gesagt, dass sie nicht arbeiten kann. Heiraten soll sie, sagte ich." (Kästner: Mein liebes, gutes Muttchen, Du! , S. 120.) Heiraten wird nicht nur in diesem Brief als 'wahre Bestimmung' der Frau gesehen. Diese Einschätzung wird auch in einigen Gedichten deutlich. (Vgl. Kapitel 2.5: Zum Bild des Mannes und der Frau). Die von H. Bemmann angemerkte Diskrepanz zwischen Gedichten und privaten Äußerungen des Autors ist nicht feststellbar.

[61] Gerd Albert Brendel: Gebrauchslyrik. Zum Problem der lyrischen Dichtung in der Neuen Sachlichkeit. Zur neusachlichen Lyrik Lion Feuchtwangers, Bertolt Brechts und Erich Kästners. (Kapitel 5: Lyrik als Feuilleton: Erich Kästners Gebrauchspoesie), London 1975, S. 120-146.

[62] Er begrenzt sie als Marionetten. Vgl. Brendel, Gebrauchslyrik, S. 134.

[63] Diesen Frauentyp haben Irmgard Keun und Anita Loos beschrieben. Irmgard Keun: Das kunstseidene Mädchen, Berlin 1932. Anita Loos: Blondinen bevorzugt, München 1927.

[64] Dies wird bei der Interpretation einiger Liebesgedichte nochmals deutlich werden.

Kästner sei zwar, das werde deutlich, einerseits fasziniert gewesen von dem veränderten Sexualverhalten der Frauen und einer neuen Moralität (einem Bereich, in dem damals einem Schriftsteller das Interesse aller sicher sein konnte), andererseits aber lasse die Art der Darstellung die Zurückweisung und Verurteilung dieser neuen Moralität erkennen. Sein dichterisches Selbstverständnis, stellvertretend für andere zu sprechen,

> "präzisiert sich hier, um nicht zu sagen verengt sich auf seine didaktische Funktion als Schulmeister der Sitten (...), denn so selbst- und eigenständig diese Rollenmonologe als balladeske Ausschnitte aus dem Großstadtleben der Zwanziger Jahre erscheinen mögen, sie fungieren letztlich als moralische Exempla."[65]

Brendels Ausführungen lassen die Problematik der Kästnerschen Rollenlyrik in diesem Bereich bereits deutlich werden: Ihre affirmative Funktion, die begründet ist im zeitverhafteten Denken des Autors und die Verschleierung dieses Umstands durch die Wahl eines Verfahrens, das suggeriert, es würde eine Vielfalt an Individuen und Meinungen präsentiert werden.

Werner Schneyder sieht Kästners Gedichte zum Thema 'Liebe/Erotik' bestimmt von einer "*unseligen Ausgangsposition*".[66]
Für ihn wird das in den Texten erscheinende Frauenbild determiniert durch die "*Mann-Macke*"[67] des Autors und nur auf diesem Hintergrund verständlich. Die in den Gedichten deutlich werdende Abwertung sexuell aktiver Frauen zeige nur die Angst des Autors:

> "Wie alle erotisch wild gewordenen Kleinbürger neigte Kästner zum Überschatzen und Dämonisieren (...) von allen Frauen, die sich angeblich 'auskennen'."

Nach seiner Einschätzung wurden Kästners Texte bislang nur unter ganz bestimmten Blickwinkeln betrachtet, so dass noch nicht alle Erkenntnismöglichkeiten ausgeschöpft worden sind:

---

[65] Brendel, Gebrauchslyrik, S. 143.
[66] Werner Schneyder: Erich Kästner. Ein brauchbarer Autor, München 1982, S. 105.
[67] Schneyder, Kästner, S. 106.

> "Kästners Texte sind, keineswegs im Sinne seines gehandelten Images, auch als Sittengeschichte brauchbar".[68]

Schneyders Anliegen ist es, mit Hilfe der Zitate aus Arbeiten Kästners ein Portrait des Autors zu zeichnen. Er untersucht die einzelnen Texte zum Thema "*Liebe*" nicht mit literaturwissenschaftlichem Anspruch, liefert auch keine textimmanenten Interpretationen. Er betrachtet die Gedichte vorrangig unter ihrem inhaltlichen Aspekt und zieht Schlüsse aus den Aussagen einzelner Gedichte und Gedichtpassagen. Seine Herangehensweise liefert einige brauchbare Hinweise zum besseren Verständnis der Gedichte, da Zusammenhänge sichtbar werden, denen bislang in der Sekundärliteratur wenig Beachtung geschenkt wurde.

Dirk Walter widmet sich dem Phänomen der Glücklosigkeit, wie es in Kästners Versen auftritt, ausführlich: "*Unhappy-End - Entfremdung in der Liebe*" betitelt er seine Ausführungen zu einigen Liebesgedichten Kästners.[69] Er zieht es jedoch vor, Gedichte, die – wie "*Nachtgesang des Kammervirtuosen*" oder "*Präludium auf Zimmer 28*" – die sexuelle Komponente eines Liebeserlebnisses darstellen, aus diesem Kapitel auszugliedern. Er beschäftigt sich mit ihnen in einem gesonderten Kapitel, überschrieben "'Perversion' – der Moralist und die Sexualität".[70]

Diese Unterscheidung zwischen erotischer Dichtung und Liebesdichtung hat, wie bereits angemerkt, Tradition, ist aber, was die Autoren der Weimarer Republik und mit ihnen Kästner anbelangt, nicht sinnvoll. Kästners Vorstellungen von Sexualität, wie sie anhand des Geschlechterverhältnisses in den erotischen Gedichten erfahrbar werden, sind nicht zu trennen von den in der Liebeslyrik dargestellten Liebesbeziehungen: Sexualität gehört zur Liebe als deren Erfüllung und die Moralvorstellungen des Autors, seine Rollenzuweisungen und Rollenerwartungen stehen nicht beziehungslos zu den in den Liebesgedichten dargestellten Liebeserlebnissen, sondern determinieren sie.

---

[68] Schneyder, Kästner, S. 110.

[69] Vgl. Walter, Zeitkritik und Idyllensehnsucht, S. 162-180. Walter nennt sie Anti-Liebesgedichte, vgl. S. 177.

[70] Walter, Zeitkritik und Idyllensehnsucht, S. 144-162.

Da Walter die erotischen Gedichte getrennt von den Liebesgedichten untersucht, kann er zwei verschiedene Resumées ziehen und Schwierigkeiten bezüglich der Funktion der Gedichte vermeiden.[71]
So weist er am Ende des Kapitels *"'Perversion' (...)"* nach der Betrachtung einiger erotischer Gedichte auf die "*Zwischenstellung*"[72] des Autors bezüglich seines Sexualverständnisses hin. Dieses sieht er als eine Mischung von rollenverhaftetem Denken und versuchter Überwindung wilhelminischer Keuschheitsideologie:

> "So ergibt sich ein schillerndes Bild des Kästnerschen Sexualverständnisses (...), ein Konglomerat aus überkommenen Sexualvorstellungen und Tendenzen, die nach Überwindung wilhelminischer und völkischer Moralnormen streben, ein Übergangsphänomen".[73]

Die Analyse einiger Liebesgedichte in dem darauf folgenden Abschnitt lässt ihn erkennen, dass Kästner in seinen Gedichten keine Gründe für den Verfall und das Misslingen von Liebesbeziehungen nennt, und dass es ihm mehr auf die präzise Darstellung der Glücklosigkeit und des Scheiterns ankommt, als auf das Einbringen von Kausalerklärungen. Trotzdem aber haben diese Gedichte für ihn eine aufklärerische Funktion, indem sie mit Klischeevorstellungen von Liebe aufräumen:

> "Die umfassende Fixierung aufs Negative ist eine Abrechnung mit idealisierenden Vorstellungen von einer realen Allmacht und Dauerhaftigkeit von Liebe, die in trivialen Genres und ihrer kulturindustriellen Vermarktung bereits in den Zwanziger Jahren zur breitenwirksamen Lüge geworden sind".[74]

Walter zeichnet ein genaues Bild des Mannes in Kästners Liebesgedichten. Da er es jedoch nicht mit dem in den erotischen Gedichten auftauchenden Männertypus in Verbindung setzt, entgehen ihm Erkenntnismöglichkeiten, die nur eine vergleichende Betrachtung der erotischen und der Liebesgedichte leisten könnte.

---

[71] Die Trennung von erotischen Gedichten und Liebesgedichten bringt aber mit sich, dass ein Kästners Schaffen bestimmendes Moment aus den Augen verloren wird. "Der Moralist beschafft sich in seinen Antinomien Komfort." Diese Feststellung Lethens kennzeichnet dies exakt. Lethen, Neue Sachlichkeit, S. 144.
[72] Walter, Zeitkritik und Idyllensehnsucht, S. 159.
[73] Walter, Zeitkritik und Idyllensehnsucht, S. 162.
[74] Walter, Zeitkritik und Idyllensehnsucht, S. 177.

Ich vertrete hier die These, dass die von Walter festgestellte "*seelische Anämie des Mannes*"[75] und das Renommiergehabe, wie es beispielsweise im "*Nachtgesang des Kammervirtuosen*" deutlich wird, zwei Seiten einer Medaille sind – dergestalt, dass Renommiergehabe und "*seelische Anämie*" sich wechselseitig bedingen. So wäre die Erkenntnis, dass durch geschlechtsspezifische Erziehung die Grundlage für beide Phänomene geschaffen wird (Angst vor dem Gefühl, 'ein Junge weint nicht', auf der einen Seite, Kompensation durch Prahlerei, 'ein richtiger Mann hat bei Frauen Erfolg', auf der anderen Seite), eine mögliche Erklärung für die an den Texten ablesbare Sichtweise des Geschlechterverhältnisses.[76]

Peter Sloterdijk beschreibt unter der Überschrift "*Postkoitale Dämmerung: Sexualzynismus und Geschichten von schwieriger Liebe*"[77] das Verfahren der Autoren der Weimarer Republik.
Ernüchterung sei die in diesen Gedichten sich spiegelnde Grunderfahrung. Deshalb sei das Thema auch nicht die Liebe, sondern die Schwierigkeiten mit ihr. Umgesetzt werde diese Erkenntnis in eine gleichermaßen melancholische und zynische Haltung. Gekennzeichnet durch Understatement und beißende Ironie räumten diese Gedichte mit romantischen Vorstellungen von Liebe drastisch auf, eine 'sachliche' Behandlung dieses bislang so geheimnisumwitterten Bereichs schien nötig zu sein. Auch die Determiniertheit unseres Fühlens und Denkens finde in diesen Texten ihren Ausdruck:

---

[75] Walter, Zeitkritik und Idyllensehnsucht, S. 172.
[76] In Gedichten wie der erwähnte "Nachgesang" ist, wie Lethen anmerkt, noch ein Rest Herrenmoral erkennbar. Passivität gilt dieser als Frauenschicksal und Schande. Vgl. Lethen, Neue Sachlichkeit, S. 150.
[77] Sloterdijk, Kritik der zynischen Vernunft, Bd. 2, S. 901.

> "Man beginnt Abschied zu nehmen vom Kult des reinen 'Erlebnisses' und einzusehen, daß in unseren Erlebnissen eine Art Grammatik des Erlebens und Fühlens zum Ausdruck kommt (...). Das erotische Tauschgeschäft tritt deutlicher ans Licht; die animalisch beliebige Seite der Sexualenergie macht sich bemerkbar, die projektiven Anteile in der Verliebtheit und die resignativen in der Treue lassen sich auf Dauer nicht übersehen. Und wie überall, wo Ideale stürzen, ist der Zynismus nicht fern, der seine Enttäuschung auslebt (...)."[78]

Die Ausführungen Sloterdijks sind zur Auseinandersetzung mit Kästners und Tucholskys Versen hilfreich, jedoch ist es meines Erachtens nicht nur eine Wertveränderung, also verändertes Bewusstsein, was diese Gedichte kennzeichnet. Deutlich wird anhand der Texte ein weiteres: Als konstituierender (von Sloterdijk nicht erwähnter) Faktor kommt nämlich noch hinzu, dass aus männlicher Sicht über und von Liebe gesprochen wird. Der "*Sexualzynismus*", der hierbei zum Vorschein kommt, entspricht traditionellerweise wohl eher der männlichen Rolle.

Dem bisher noch nicht ausreichend beachteten Umstand, dass sich in diesen Versen männliches Bewusstsein manifestiert, messe ich Bedeutung zu, denn er kann den Hintergrund, auf dem das Verhältnis der Geschlechter gesehen wird, weiter erhellen.[79]

Simone de Beauvoir hat bereits 1949 darauf hingewiesen, dass es von Wichtigkeit ist, die Frauendarstellung in der Literatur kritisch zu prüfen, wenn man herausfinden will, welche Rolle die Frau zu erfüllen hat, wie das Los der Frau in einer Kultur definiert wird, und welche Mythen sich um sie gebildet haben:

> "Jeder Schriftsteller definiert in seiner Auffassung der Frau seine allgemeine Ethik und die spezielle Vorstellung, die er von sich sel-

[78] Sloterdijk, Kritik der zynischen Vernunft, Bd. 2, S. 903.

[79] Abzugrenzen ist das von dem, was Kurt Pinthus über "Männliche Literatur" schreibt: "Der Stil (...) ist unpathetisch, unsentimental, schmucklos und knapp; manche nennen diese Technik: 'Neue Sachlichkeit'. Warum 'Neue' Sachlichkeit? Sie ist sachlich, ist männlich, ist Ausdrucksform des Mannes (...). Es spricht der Mann, der nicht schreit und jammert, sondern klärt und feststellt – und damit selber klar und fest wird." Kurt Pinthus: Männliche Literatur. (In: Stefan Großmann (Hrsg.): "Das Tagebuch" 10 (1928), Nachdruck: Königstein/Taunus 1981, S. 903f.)

> ber hat; oft zeichnet er auch in ihr den Abstand zwischen seiner Schau der Welt und seinen egoistischen Träumen auf.“[80]

Es ist also immer eine perspektivische Sicht von Welt, die in sprachlichen Äußerungen zu Tage tritt, auch wenn das Medium, indem sie formuliert sind, intersubjektiv ist.
Was Monika Nickelsen anhand der Analyse von Liebesgedichten Benns und Brechts nachweisen konnte, trifft auch für eine Reihe von Kästners Versen zu.[81]
Ausgehend von der Kommunikationstheorie, die sprachliche Äußerungen als Äußerungen bestimmter Sprecher, gerichtet (oder potentiell zu richten) an bestimmte Adressaten, definiert, kommt sie zu dem Schluss, dass Gedichte häufig für den männlichen Leser gedacht scheinen, ihm weitaus mehr Identifikationsmöglichkeiten bieten als einem weiblichen Leser:

> "Dem Leser wird ja bei der Lektüre kein unbeschränkter Spielraum zugewiesen. Es zeigt sich nun, daß einige Spielräume für männliche Leser eingerichtet sind, weibliche dagegen das Kommunikationsspiel von der Tribüne aus betrachten müssen.“[82]

Der Grund dafür sei, dass Männer in ihren literarischen Werken oft ein Bild der Frau herstellen, das einer Leserin, die einen eigenen Standpunkt vertritt, die Diskrepanz zwischen eigenen Vorstellungen, Erfahrungen und Einschätzungen und dem in männlicher Perspektive imaginierten weiblichen Objekt deutlich werden lässt.[83]

Da es vor allem Männer waren, die Geschichte, Literatur und Literaturgeschichte gemacht haben, erscheint es, führt sie aus, verständlich, dass dies bislang kaum Erwähnung fand: Die männliche Perspektive, in der ein Thema wie 'Liebe/Erotik' an der Frau als Objekt dargestellt wird, ist literarisch tradiert

---

[80] Simone de Beauvoir: Das andere Geschlecht. Sitte und Sexus der Frau (Paris 1949). (Deutsch von Eva Rechel-Mertens und Fritz Montfort (1951)), 6. Auflage, Reinbek/Hamburg 1974, S. 252.

[81] Vgl. Monika Nickelsen: Über das Altern von Frauen in den Gedichten von Männern. (In: Osloer Beiträge zur Germanistik, Bd. 8 (Frauen und Frauenbilder, dokumentiert durch 2000 Jahre), Veröffentlichung des Germanistischen Instituts der Universität Oslo 1983, S. 129 –146.

[82] Nickelsen: Über das Altern von Frauen, S. 130.

[83] Diese Diskrepanz wird anhand des Gedichts "Plädoyer einer Frau“ von Kästner noch genauer erörtert.

und vielleicht deshalb so leicht zu übersehen.[84] Das mag auch erklären, weshalb in der Sekundärliteratur dieser Aspekt bisher nicht Untersuchungsgegenstand war. Der Umstand, dass "*geschlechtsspezifische Parteilichkeit*" bislang so wenig ins Blickfeld geriet, ist, so schreibt S. Bovenschen, erklärlich:

> "Geschlecht ist keine Kategorie, die sich auf eine begriffsgeschichtliche Tradition stützen könnte."[85]

Obgleich es heute fast schon Pflicht sei, jedes ästhetische Gebilde auf außerliterarische Konstitutionsbedingungen zu sichten, wäre die "*Geschlechtsspezifität kein valider Gegenstand literaturwissenschaftlicher Theorien.*"[86]

---

[84] Zu den wenigen, die die Problematik einer männlich orientierten Literatur erörtert haben, gehört Hans Mayer. Vgl. Hans Mayer: Außenseiter, Frankfurt/Main 1975.

[85] Silvia Bovenschen, "Die imaginierte Weiblichkeit". Exemplarische Untersuchungen zu kulturgeschichtlichen und literarischen Präsentationsformen des Weiblichen, Frankfurt/Main 1979, S. 14.

[86] Silvia Bovenschen, "Die imaginierte Weiblichkeit", S. 13.

2.2.2 Exkurs: Zur Rollenlyrik bei Erich Kästner

Ein Unterschied zwischen Kästners und Tucholskys Gedichten fällt sofort ins Auge: Kästner bedient sich im Gegensatz zu Tucholsky in seiner Liebeslyrik fast ausschließlich eines bestimmten Gedichttypus, des Rollengedichts. Dieses ist definiert als die "*Form des Gedichts (Liedes), das die zitierte Person als Alibi benutzt; monologische Ich-Aussprache (...) wird von einer Figur als Rolle übernommen, die Gedanken und Gefühle des Dichters spiegelt.*"[87]

So bedeutet das Rollengedicht kommunikationstheoretisch eine Ablenkung von direkter Kommunikation durch die Bindung der Leser (Zuhörer) an ein zwischengeschaltetes Agens.[88]

Rollenlyrik bricht auch mit der tradierten Vorstellung, in der Lyrik sei ein Gebilde zu sehen, in dem ein Autor seinen subjektiven Empfindungen Ausdruck verleiht.

Gleichzeitig manifestiert Rollenlyrik die ästhetische Theorie der 'Neuen Sachlichkeit'. Sie ist die Umsetzung der Erkenntnis, dass das Leben des einzelnen Menschen weitaus weniger 'individuell' ist, als es den Anschein hat.

> "In einer Situation (...), in der die gesellschaftlichen Verhältnisse derart Macht haben über den Einzelnen, dass seine Freiheit Schein und die ästhetische Vermittlung solcher Freiheit, die personale Lyrik, Ideologie ist, kommt der personalen Lyrik weder Wahrheit in sich noch Interesse der Gesellschaft zu."[89]

Diese Ausführung Eislers verdeutlicht, dass Kästner mit seiner Rollenlyrik zur literarischen Avantgarde zählte.

Als Herkunftsort dieser Lyrik kann das Kabarett gelten.[90] Da es Kästners Anspruch ist, stellvertretend für andere zu schreiben, ist es naheliegend, diese Gedichtform zu wählen.

---

[87] Best, Handbuch literarischer Fachbegriffe, S. 229. Das Rollengedicht hat eine lange Tradition – Rollengedichte gab es bereits im mittelalterlichen Minnesang.

[88] Vgl. Karl Riha: Literarisches Kabarett und Rollengedicht. Anmerkungen zu einem lyrischen Typus in der deutschen Literatur nach dem Ersten Weltkrieg. (In: Wolfgang Rothe (Hrsg.): Die Deutsche Literatur in der Weimarer Republik, Stuttgart 1974, S. 382 –395.)

[89] Theodor W. Adorno und Hans Eisler: Zeitungsausschnitte. (In: "Anbruch" 11 (1929), Heft 5, S. 219). Zitiert nach Walter, Zeitkritik und Idyllensehnsucht, S. 233.

[90] Vgl. Punkt 2.7.1: Exkurs über das Kabarett in der Weimarer Republik.

Rollenlyrik kommt dem Bedürfnis nach Identifikation auf Seiten des Lesers entgegen. Die Bedeutung literarischer Handlungs- und Gefühlsvorbilder hat Ernst Leisi betont. Er weist darauf hin, dass literarische Muster immer in Bezug zur herrschenden Mentalität stehen.[91]
Das gewählte Verfahren kann jedoch bestimmte Gefahren mit sich bringen, die ich im Folgenden näher bestimmen will.
Die Funktion der Gedichte resultiert aus der Art der Vorführtechnik: Wird durch die Form der Repräsentation bestimmter Typen ein Erkenntnisprozess über bekannte, aber bislang nicht reflektierte Phänomene eingeleitet oder bleibt es bei der reinen Identifikation mit dem Vorgeführten?
Karl Riha schreibt zu dieser 'Gratwanderung' zwischen Bewusstmachung und Bewusstseinsbildung auf der einen und Anbiederung auf der anderen Seite, dass das aufklärerische Moment nur da zum Tragen komme,

> "wo die bürgerliche Vorstellungswelt realiter herausgefordert, inkommodiert, durch Schocks irritiert und so realiter überschritten wird. Wo dies nicht der Fall ist, verliert sich möglicher Protest an bloße Unterhaltung."[92]

Dirk Walter hat einen weiteren problematischen Aspekt von Kästners Rollenlyrik thematisiert, den ich 'Verschleierungstechnik' nennen möchte:

> "Freilich ist die Formel von den Empfindungen (...) in Stellvertretung leicht irreführend. Das Zurücktreten des Autors hinter die – im Gedicht immerhin arrangierten – Fakten schließt keineswegs Engagement aus (...) die Entscheidung des Autors für oder wider den porträtierten Typus erscheint nur erheblich vermittelter und damit auch schwerer zu ermitteln. Wo steht der Autor? Identifiziert er sich mit den vorgeführten Typen?"[93]

Dies zu ermitteln, bedarf es also einer genauen Untersuchung der Figurendarstellung.
Im Zusammenhang mit dem Thema dieser Arbeit wird das auch zu der Frage führen, ob Kästner, wenn er vorgibt, stellvertretend für eine Frau zu sprechen, sich "*affirmativ-mitleidender Porträttechnik*"[94] bedient, indem er "*das*

---

[91] Vgl. Leisi, Paar und Sprache, S. 74-98.
[92] Vgl. Riha, Literarisches Kabarett und Rollengedicht, S. 384f.
[93] Walter, Zeitkritik und Idyllensehnsucht, S. 222.
[94] Walter, Zeitkritik und Idyllensehnsucht, S. 222.

Verlorensein, das Ausgeliefertsein der Frau nie in Frage“ stellt,[95] oder ob er diese Technik nicht auch dazu benutzt, seinen Wunschvorstellungen davon, wie eine Frau zu fühlen und zu denken hat, möglichst unerkannt Ausdruck zu verleihen.
Wäre dies der Fall, würde sein Vorhaben, stellvertretend Empfindungen auszudrücken, gerade da, wo die autoritativ-männliche Perspektive, in der die Frau gesehen wird, dem weiblichen Leser jegliche Identifikationsmöglichkeit nimmt, als bloße Anmaßung sichtbar.

Silvia Bovenschen hat darauf hingewiesen, dass es notwendig ist aufzudekken, was Jahrhunderte lang durch eine unangefochtene patriarchalische Orientierung in literarischen und literaturtheoretischen Diskursen verdeckt wurde, nämlich, dass in literarischen Phantasien Frauen 'gedoubelt' worden seien. Dadurch schufen die Schriftsteller

> "ein gigantisches Figurenpanoptikum (...), indem sie (...) diesem Kunstweiblichen Funktionen und Wirkungen zumaßen, die in einem geradezu grotesken Verhältnis zu den Möglichkeiten der wirklichen Frauen stehen."[96]

Auf Grund dieser Vorüberlegungen wird die zentrale Frage immer sein, ob die Texte durch ein einseitiges, begrenztes Frauenbild gekennzeichnet sind, ob in ihnen traditionelle Rollenerwartungen in Frage gestellt werden, oder ob, in Stellvertretung für die Gesellschaft, alten Vorurteilen neue Nahrung gegeben wird.

---

[95] Schneyder, Kästner, S. 106.
[96] Bovenschen, "Die imaginierte Weiblichkeit", S. 13.

2.3 Ziemlich 'prosaische Zwischenbemerkung'

Es soll an dieser Stelle nochmals darauf hingewiesen werden, dass der Blickwinkel, aus dem das dargestellte Verhältnis der Geschlechter gesehen wird, kein unvoreingenommener ist, ohne dass dies der Gültigkeit der Ergebnisse widerspräche.

> "Sicher aber ist es unmöglich, irgendein Problem ohne Voreingenommenheit zu behandeln: Die Art der Fragestellung schon, der Blickpunkt, den man sich zu eigen macht, setzt eine gewisse Rangordnung der Interessen voraus; jedes Sosein schließt Wertungen ein, es gibt keine sogenannte objektive Beschreibung, die nicht einen ethischen Hintergrund hätte. Anstatt den Versuch zu machen, die Prinzipien, die man mehr oder weniger ausdrücklich voraussetzt, zu verschleiern, tut man besser daran, sie erst einmal klarzustellen."[97]

Diese Aussage Simone de Beauvoirs macht etwas klar, das gerade bei der Aufgabe, etwas zum Verhältnis der Geschlechter zu schreiben, eine Rolle spielt: Es geht um die Bewusstwerdung der Perspektive, aus der diese Gedichte betrachtet werden.

Der Blickwinkel, unter dem in dieser Arbeit die Gedichte Kästners und Tucholskys untersucht werden sollen, ist ein bislang selten eingenommener, aber ein möglicher und, wie die Arbeit beweist, ein sogar notwendiger, wenn es darum geht, neue Aspekte im Werk dieser Autoren ausfindig zu machen. Meine Arbeit versteht sich in diesem Sinne als Versuch, die Diskussion um die Beurteilung der aufklärerischen Funktion des lyrischen Werks Kästners und Tucholskys neu zu beleben und mit der jeweiligen Darstellung der Frau ein Kriterium anzubieten, an dem sich diese Beurteilung zu orientieren hat.

Um offen zu legen, auf welchem Hintergrund, mit welchen Prämissen und welchen Bewertungskriterien das Geschlechterverhältnis betrachtet wird, muss gesagt werden, dass die Gleichberechtigung als adäquate Form für das Verhältnis der Geschlechter gesehen wird. Gleichberechtigung ist dabei zugleich Postulat für das Selbstbewusstsein des Einzelnen und für die Entfaltung des Menschen. Am Charakter der Gleichberechtigung lässt sich ablesen, "*inwieweit der Mensch als Gattungswesen, als Mensch sich geworden*

[97] Beauvoir, "Das andere Geschlecht", S. 20.

ist und erfaßt hat.“[98] Marx drückt mit diesem Satz aus, wie sehr das Verhältnis der Geschlechter vom Bewusstseinsstand der Menschen bestimmt wird, der wiederum gesellschaftlich sich konstituiert.

Deshalb kann die Frage nach dem affirmativen oder antizipatorischen Charakter der zu untersuchenden Liebesdichtung nur beantwortet werden, wenn die Darstellung des Geschlechterverhältnisses, die auch als Folie der Darstellung der Frau dient, genau untersucht wird. Leitende Fragestellung ist hierbei, ob das abgebildete Verhältnis als fragwürdig entlarvt und als überwindenswert geschildert wird, oder ob die Art der Behandlung des Themas den Blick von solcher Erkenntnis ablenkt und statt dessen nur Amüsement oder ein oberflächliches Identifikationsangebot bietet.

[98] Marx-Engels, Gesamtausgabe, 1. Abteilung, Bd. 3 (ökonomisch-philosophische Manuskripte (1844), Berlin 1932, S. 113. Zitiert nach Beauvoir, “Das andere Geschlecht“, S. 681.

2.4 Einzelinterpretationen exemplarischer Liebesgedichte von Erich Kästner und Kurt Tucholsky

2.4.1 Einleitung

Die Einzelinterpretationen im folgenden Teil der Arbeit wollen das Verfahren der beiden Autoren transparent machen. Die leitende Fragestellung, wie das Verhältnis der Geschlechter in diesen Versen gezeichnet ist, soll den Blickwinkel nicht zu sehr einengen: Detaillierte Analysen schienen daher unverzichtbar. Ein gewisser Zitatenreichtum lässt sich hierbei nicht vermeiden und wird in Kauf genommen, um die Überprüfbarkeit der aufgestellten Thesen gewährleisten zu können.

Die Reihenfolge, in der ich die Liebesgedichte interpretiere, ist nicht willkürlich, sondern Ergebnis der Überlegung, wie Gemeinsamkeiten und Unterschiede in Kästners und Tucholskys Versen am deutlichsten zu sehen sind. Deshalb vergleiche ich, wo es möglich ist, Kästners und Tucholskys Gedichte und zwar solche, die sich durch eine ähnliche Thematik auszeichnen.

Kabarettlieder werden gesondert analysiert, da bei ihnen neben der Thematik auch die Aufführungssituation eine Rolle spielt.

2.4.2 'Kabarett-Reifes' – Lieder fürs Kabarett

Das an den Anfang gestellte "*Wenn die Igel in der Abendstunde*" aus dem Jahre 1928 ist eines der typischen Kabarettlieder Tucholskys.

Kurt Tucholsky
Wenn die Igel in der Abendstunde –
Für achtstimmigen Männerchor

Wenn die Igel in der Abendstunde
Still nach ihren Mäusen gehen,
hing auch ich verzückt an deinem Munde,
und es war um mich geschehn –
Anna-Luise -!

Dein Papa ist kühn und Geometer,
er hat zwei Kanarienvögelein;
auf den Sonnabend aber geht er
gern zum Pilsner in'n Gesangverein –
Anna-Luise -!

Sagt' ich: "Wirst die meine du in Bälde?",
blicktest du voll süßer Träumerei
auf das grüne Vandervelde,
und du dachtest dir dein Teil dabei –
Anna-Luise -!

Und du gabst dich mir im Unterholze
einmal hin und einmal her,
und du fragtest mich mit deutschem Stolze,
ob ich auch im Krieg gewesen wär ...
Anna-Luise! –

Ach, ich habe dich ja so belogen!
Hab gesagt, mir wär ein Kreuz von Eisen wert,
als Gefreiter wär ich ausgezogen,
und als Hauptmann wär ich heimgekehrt –
Anne-Luise -!

Als wir standen bei der Eberesche,
wo der Kronprinz einst gepflanzet hat,
raschelte ganz leise deine Wäsche,
und du strichst dir deine Röcke glatt,
Anna-Luise -!

Möchtest nie wo anders hin du strichen!
Siehst du dort die ersten Sterne gehen?
Habe Dank für alle unvergesserlichen
Stunden und auf Wiedersehn!

Anna-Luise -!

Denn der schönste Platz, der hier auf Erden mein,
das ist Heidelberg in Wien am Rhein,
Seemannslos.
Keine, die wie du die Flöte bliese ...!
Lebe wohl! Leb Wohl.
Anna-Luise -! [99]

Fern von jeder politisch-satirischen Funktion scheint dieses Lied auf den ersten Blick nur dem puren Amüsement zu dienen; darüber hinaus wird jedoch schon in den ersten Zeilen deutlich, dass es sich – zumindest auch – um eine Parodie auf die ja schon für sich kaum ohne ein kleines Quantum an Ironie zu verstehenden volkstümlichen Schlager à la *"Comedian Harmonists"* handelt. Objekt parodistischer Spiellust ist auch – wie vor allem die letzte Strophe gerade in ihrer zunächst scheinbar zusammenhanglos anmutenden Struktur zeigt – die patriotisch deutschtümelnde Volksliedromantik der zahlreichen Männergesangsvereine in der Weimarer Republik. "Für achtstimmigen Männerchor" soll das Lied gedacht sein. Nicht nur das Gedicht insgesamt, sondern auch fast jede der einzelnen Strophen zielt auf die witzige Pointe. Oppositionssetzung inkompatibler Stilebenen und vor allem auch direkte inhaltliche Antithesen dienen diesem Zweck. So wird schon in der ersten Strophe die Folie konventioneller Idyllik, die 'stille Abendstunde' (als die typische Zeit und Situation der Vereinigung Liebender), ironisch gebrochen, indem es sich hier bei Tucholsky um den Eintritt der Dunkelheit als Beginn der Jagd handelt, in der Mensch wie Tier "*still*" beschützt von der Nacht ihre Opfer finden.
Liebe ist gleich dem tierischen Nahrungstrieb, hier wie dort geht es um das einfache 'Fressen' oder 'Gefressenwerden'. Die Verteilung der Rollen des Täters und des Opfers an das lyrische Ich oder an die besungene "*Anna-Luise*" ist jedoch noch nicht durchgeführt.
Der Wechsel vom Präteritum der ersten zum Präsens der zweiten Strophe nimmt den Blick vom Liebestreffen zurück auf den einstigen 'Wächter der Tugend', den "*Papa*" Anna-Luisens, der nun der Lächerlichkeit preisgegeben wird, passt doch sein eingebildeter Berufsstolz so gar nicht zur Rede von den

[99] Tucholsky, Werke, Bd. 6, S. 223f.

"*Kanarienvögelein*"[100], deren Diminutiv auf den "*kühnen Geometer*" ein bezeichnendes Licht wirft; die spießbürgerliche Gewohnheit eines samstäglichen Kneipenbesuchs 'aber' ist für das lyrische Ich von Nutzen. Die folgende Strophe arbeitet mit den Mitteln lautlicher Homologie und gewinnt ihren Witz durch den Gleichklang 'grünes Feld' und *"das grüne Vandervelde*". Dem zeitgenössischen Publikum war diese Anspielung auch beim Gesangsvortrag sicherlich augenblicklich präsent. Gemeint ist das Buch: "*Die vollkommene Ehe*" von van der Velde, welches in einem grünen Einband feilgeboten wurde (und auch heute noch zu kaufen ist); der Buchtitel als quasi 'locus amoenus', ein ziemlich plumper, aber sicher wirkungsvoller Doppelsinn. Die Bedeutung für das Figurenbewusstsein ist in ihrer zweifachen Richtung leicht verstehbar: Einerseits zeigt sie auf die Unerfahrenheit von Anna-Luise, die die Liebeswelt – bisher – nur aus Büchern kannte, zum anderen gibt sie schon einen Hinweis auf die späteren Absichten und darauf, wie sie die Frage des Mannes zu Beginn der Strophe versteht, nämlich auch im Sinne einer späteren Sicherheit in gutbürgerlicher Ehe. Dahin zielen auch die vorsichtig sondierenden Fragen der vierten Strophe: Ein wahrhaft deutscher Mann ist für die deutsche Frau natürlich nur der, der sich auf dem Felde der kriegerischen Ehre bewährt hat. Ihre Komik erhalten diese Zeilen der 'nationaldeutschen Gretchen-Frage' durch die Rückbindung des Reimwortes "*stolze*" an das vorhergehende "*Unterholze*", das ja gerade einen Ort bezeichnet, an welchem die Frau, im Sinne bürgerlich-moralischer Konvention, durch ihr voreheliches 'Geben' ihre Ehre verloren hat. Erst in der fünften Strophe, zu Beginn des zweiten Teils des achtstrophigen Liedes, gibt sich das Singen des Männerchors offen als verlogen zu erkennen (ein Eindruck, der natürlich im wirklichen Vortrag schon viel früher erzeugt werden kann). Nun ist auch klar, wer als "*Opfer*" der ersten Strophe einzig gemeint sein kann: Die Frau, die nun noch zum Objekt nachträglicher Schadenfreude wird. Phrasenhaftes Sprechen wird zum Realitätssurrogat, die Fragende erhält durch das typische Karrierebild, das der Mann von sich liefert, die in ihrer Lügenhaftigkeit voll befriedigende Antwort. Das künstlich Angemaßte im Sprechen des lyrischen Ichs wird im Folgenden durch die Konfrontation hochsprachlicher Vokabeln mit grammatikalischen

[100] Damit können auch "Anna-Luise" und der Sprecher des Gedichts gemeint sein, die, solange das Auge des Vaters wacht, wie die Vögel in dem "Bauer" der Tugend eingesperrt sind.

Fehlern deutlich: "*Bei der Eberesche, – wo der Kronprinz einst gepflanzet hat*". Auch hier entsteht der Witz durch die Reimbindung, der mit viel Nationalpathos belasteten "*Eberesche*" mit der "*Wäsche*", die sich Anna-Luise nach vollzogenem Geschlechtsakt glatt streift.
In den letzten beiden Strophen klingt das Lied nun in purer 'Blödelei' aus, Reimworte werden durch willkürliche Neuwort-Schöpfungen gebildet, die aber im ersten Fall – möchtest nie wo anders hin du strichen! – auch über den reinen Unfug hinaus einen Doppelsinn enthält. Es ist kaum spekulativ zu nennen, wenn man in der ersten Zeile der siebten Strophe auch die höhnische Aufforderung des Sprechers, der die Frau doch schließlich 'entehrt' hat, an sie sieht, nun doch ja nicht zu 'verkommen'.
Der Gang der Sterne wird – fast an mittelalterliche Tagelied-Topik erinnernd – zum Zeichen für die notwendige Trennung. Was bleibt, sind nur die "*unvergesserlichen Stunden*" eines flüchtigen, sexuellen Abenteuers für den Mann, denn dieser hat als heimatloser "Seemann" der Liebe gleich drei "*schönste*" Plätze "*auf Erden*". Auf kurzen Liebesgenuss, den Verbrauch verschiedener weiblicher Objekte eingestellt, ist ihm Bindung (oder gar Ehe, wie sie sich das 'Du' des Gedichts wohl wünscht), nicht möglich. So werden gerade in parodistischer Kombination die zentralen Schauplätze sentimentalischer Volksliedromantik zu ganz unsentimentaler Begründung für die Untreue des Mannes, der Anna-Luise nur ein frivoles Abschiedswort hinterlässt: "*Keine, die wie du die Flöte bliese ...!*"

Das Gedicht ironisiert somit vortrefflich tradiertes Rollenverhalten, entlarvt die vom lyrischen Ich genannte "*Verzückung*", "*Stolz*" und "*Dank*" als sinnentleerte Phrasen, die nur Alibi dafür sind, gar nicht so edlen und hehren Wünschen nachgehen zu können, dienen sie doch nur dazu zu verschleiern, dass für das lyrische Ich Anna-Luise eigentlich nur Objekt seiner Begierden ist.

Ein sehr amüsantes Gedicht von Tucholsky aus dem Jahr 1931 heißt: "*Herz mit einem Sprung*".[101] In ihm schildert das lyrische Ich die Schwierigkeiten und das Scheitern seiner letzten Liebe.

Kurt Tucholsky
Herz mit einem Sprung

Im Gesicht und auch in Sachsen,
wo die Meise piepst,
lass ich den Bart mir wachsen,
weil du mich nicht mehr liebst.
    Susala und dusala –
weil du mich nicht mehr liebst.

Wir waren beide einsam;
auch ich als Woll-Agent.
Die Herzen waren gemeinsam,
die Kassen waren getrennt.
    Susala und dusala –
Da bin ich konsequent.

Du sagst, du wärst im Training
wohl für ein Fecht-Turnier.
Du aßest gar nicht wening
und hattest nie Geld bei dir ...
    Susala und dusala –
Man ist ja Kavalier.

Du aßest frisch und munter
nicht ohne jeden Charme
die Karte rauf und runter,
die Küche kalt und warm.
    Susala und dusala –
dem Kellner schmerzt der Arm.

Ich fand das übertrieben
und sah dich zornig an.
Ein Mann will gratis lieben,
sonst ist er gar kein Mann!

Ich kann dich nicht vergessen.
Noch heut könnt ich dich maln.

---

[101] Der Titel des Gedichts spielt auf umgangssprachliche Formulierungen wie,'mein Herz zerspringt vor Schmerz', 'das bricht mir das Herz' usw. an, aber es birgt eine kaum auffällige, doch wichtige Bedeutungsverschiebung in sich. "Herz mit einem Sprung" ist Ausdruck eines statischen, unveränderlichen Zustands und zugleich eine lapidare Feststellung. Die Assoziation 'Tasse mit einem Sprung' drängt sich auf. Eine solche ist zwar nicht schön, aber noch brauchbar. Damit wird schon im Titel die 'seelische Beschädigung' als eine bezeichnet, mit der es sich leben lässt.

Du hast zuviel gegessen ...
Wer kann denn das bezahln!
  Susala und dusala -
Wer kann denn das bezahln!

Ums Kinn starrn mir die Stoppeln.
Mein Vollbart ist noch jung.
So fahr ich nun nach Oppeln
zu ner Versteigerung ...
  Doch mein Herz,
  doch mein Herz,
doch mein Herz
      hat einen Sprung -![102]

Das Gedicht hat Liedcharakter durch den Refrain *"susala und dusala"* am Ende jeder Strophe, wobei das erste Wort susala eine Klangähnlichkeit mit Suse, der Koseform eines weiblichen Vornamens hat, während das zweite dusala wohl in Anlehnung an das Wort "*Duselei*" gewählt ist.

Damit ist auch schon der Inhalt des Liedes in etwa umrissen: Mit 'Gefühls-Duselei' erklärt der Sprecher des Gedichts seine 'Verzweiflung' darüber, nicht mehr geliebt zu werden und kennzeichnet sie so als nicht besonders ernst zu nehmende Stimmung. "*Sachsen*"[103], ist nicht nur der Ort, "*wo die Meise piepst*", d.h. wo man nach Einschätzung des Mannes leicht verrückt wird (eben auch aus Liebeskummer), sondern es ist in der Zeit der Weimarer Republik auch eines der wichtigen Zentren deutscher Textilindustrie, ein Ort also, an dem ein "*Woll-Agent*" gute Geschäfte machen kann. Mit dieser Berufsangabe, die in einem witzigen Gegensatz zu der höchst 'privaten' Mitteilung der ersten Zeile der zweiten Strophe steht, ("*wir waren beide einsam*"), gibt der Mann wohl auch – unfreiwillig oder selbstironisch – Auskunft über den Grund seiner Attraktivität für die 'Geliebte'. Denn diese trainiert, wie die dritte Strophe sagt, "*für ein Fecht-Turnier*".[104] 'Fechten' aber steht umgangssprachlich für 'betteln', 'anpumpen'.[105]

---

[102] Tucholsky, Werke, Bd. 9, S. 123f.

[103] In der ersten Zeile wird mittels des syntaktisch-komplizierten Zeugmas (vgl. Lausberg: Rhetorik, §§ 701 - 704) Komik hervorgerufen.

[104] Damit wird auf witzige Weise und äußerst knapp an die schlechten ökonomischen Bedingungen erinnert, denen Frauen in den 20er Jahren ausgesetzt waren. Vgl. hierzu auch die thematische Entsprechung bei Kästner: "Du lagst mir damals auf der Tasche" heißt es in "Mathilde, aber eingerahmt". Kästner, Schriften, Bd. 1, S. 247f.

[105] Gerhard Wahrig (Hrsg.): Deutsches Wörterbuch, Gütersloh 1970, S. 1224.

Insgesamt enthalten die auf die erste folgenden Strophen eine kurze Beschreibung der Geschichte dieser 'Liebe' und dies in einer Abfolge von witzigen Formulierungen und Zitaten phrasenhafter Redewendungen ("*Man ist ja Kavalier*") oder in Anlehnung an geflügelte Worte ("*Die Herzen waren gemeinsam,/die Kassen waren getrennt*", erinnert an: 'Getrennte Rechnung, gute Freunde').

Interessant ist, dass sich die Prinzipien des Sprechers von Strophe zu Strophe ändern: War es anfangs noch "*konsequent*", für getrennte Kassen zu plädieren, heißt es in der folgenden Strophe: "*Man ist ja Kavalier*", wenn es um Geld geht. Wenig später hat auch das seine Gültigkeit verloren, denn "*ein Mann will gratis lieben*". Diese Inkonsequenz führt die vorausgeschickte Äußerung "*da bin ich konsequent*" ad absurdum und bringt des Weiteren mit sich, die Aussagen des Sprechers als ironische oder einfältige zu begreifen. Für die These der Ironie spricht der Umstand, dass, nach Ende der Beziehung, die Erinnerung an die 'Geliebte' ("*Ich kann dich nicht vergessen!*") in Verbindung gebracht wird mit deren Fresssucht ("*Du hast so viel gegessen...*"). So wird das 'Liebesleid' entlarvt als bloßer Kummer über die finanziellen Einbußen, die diese Verbindung mit sich brachte ("*wer soll denn das bezahln!*"). Über das pure Amüsement hinaus, dem der Sprachwitz primär dient, wird so in diesem Gedicht männliches Rollenverhalten lächerlich gemacht. In der Schlussstrophe wird, referierend auf den Titel des Gedichts, das Bild vom "*Herzen mit einem Sprung*" in modifizierter Weise aufgegriffen. "*Doch mein Herz,/doch mein Herz,/doch mein Herz/hat einen Sprung-!*". Der "*Sprung*" im Herzen wird adäquat ausgedrückt in seiner wahren Bedeutungslosigkeit; die Konnotation 'Sprung in der Rille der Grammophonplatte' ist wohl auch als eine des Kabarettpublikums dieser Zeit anzunehmen.

Kurt Tucholsky
Lied fürs Grammophon

Gib mir deine Hand,
   Lucindy!
Du, im fernen Land -
   Lucindy!
Wie die Ätherwellen flitzen
über Drähte, wo die Raben sitzen,
   saust meine Liebe dir zu ...
         du –
tu – tu – tu – mmm –

Wenn du mich liebst, so singt dein Blut,
  Lucindy!
Ach, wenn du nicht da bist, bin ich dir so gut,
  Lucindy!
Dein, dein Lächeln läßt mir keine Ruh ...
    Man kann von oben lächeln,
    man kann von unten lächeln,
    man kann daneben lächeln –
        wie lächelst du?
tu – tu – tu – mmm –

Meine, die will mich verlassen,
  Lucindy!
Deiner, der will dich fassen,
  Lucindy!
Kehr zu ihm zurück!
Vielleicht ist das das Glück ...
  Ich guck in den Mond immerzu –
  oh, so blue – mmm –

Wie man auch setzt im Leben,
  Lucindy!
man tippt doch immer daneben,
  Lucindy!
 Wir sitzen mit unseren Gefühlen
 meistens zwischen zwei Stühlen –
 und was bleibt, ist des Herzens Ironie ...
  Lucindy!
  Lucindy!
  Lucindy - ![106]

Das 1929 entstandene Gedicht "Lied fürs Grammophon" ist durch den Gebrauch verschiedener Stilebenen grob zu kennzeichnen. Schon die vier Zeilen der ersten Strophe machen mittels ihrer Wortwahl und ihrer Motivik (Abwesenheit der Geliebten) die Anlehnung an Schlagertexte und deren Trivialität deutlich. Die folgenden Zeilen zeichnen sich durch den Gebrauch verschiedener Stilebenen aus: "*Ätherwellen flitzen*", "*Liebe saust*" und zwar "*über Drähte, wo die Raben sitzen*". Der Rabe, ein Symbol des Todes, hat hier Teil an der Überbringung einer 'Liebesbotschaft'. Dieses Paradoxon und die Katachrese ("*flitzen*" und "*sausen*" entstammen der Umgangssprache und verstoßen, vermengt mit Wörtern aus anderen Bereichen, gegen die Einheit des Bildes) schaffen hier den ironischen Wortsinn. Die paradoxe Formulierung "*ach, wenn du nicht da bist, bin ich dir so gut*" evoziert die Frage beim

Rezipienten, weshalb es gerade die Abwesenheit der Geliebten ist, die 'Liebesgefühle' erzeugt und nicht deren positives Gegenteil. Tucholsky demaskiert hier gleichzeitig das gängige Sehnsuchtsmotiv des Schlagers, sprengt so das Niveau diese Genres. Die folgende Zeile: "*Dein, dein Lächeln läßt mir keine Ruh*" könnte in ihrer Phrasenhaftigkeit jedoch wieder jeder x–beliebigen Schnulze entnommen sein. Die Aufeinanderfolge von 'Schlagertexten' und Reflexionen ist es, die von einem ironisch distanzierten Standpunkt aus erstere der Lächerlichkeit preisgibt und die Hauptcharakteristik des Gedichts ausmacht. Es werden nun verschiedene Arten des Lächelns, die alle zwischen Liebenden für ungewöhnlich gelten können, aufgezählt. Das "*daneben lächeln*", eine äußerst unkonventionelle Formulierung, korrespondiert mit dem Satz "*man tippt doch immer daneben*" und verdeutlicht die Angst, nie die richtige Wahl treffen zu können und die dadurch bedingte Unmöglichkeit von Nähe in Kauf nehmen zu müssen.

Nach der zweiten Strophe unterbleibt die direkte Anrede "*du*". Diese Änderung kann in Verbindung mit der Entwicklung innerhalb des Gedichts gesehen werden, denn in den Strophen drei und vier wird die Chancenlosigkeit der Liebe des lyrischen Ichs verdeutlicht. Es gibt keinen 'direkten Draht' mehr zum anderen, um im Jargon des Gedichts zu bleiben.

In der dritten Strophe arbeitet Tucholsky wieder mit Elementen, die aus dem Bereich des Trivialen stammen. Die Melodramatik und die 'Plattheit' der ersten sechs Zeilen werden relativiert bzw. in Frage gestellt mittels der Interpunktion: Die drei Pünktchen nach "*vielleicht ist das das Glück ...*" erfüllen diese Funktion. Sie sind Ironiesignal und machen den Gegensatz zwischen wörtlich Gesagtem und eigentlich Gemeintem deutlich.[107] Die daran anschließende umgangssprachliche Formulierung "*ich guck in den Mond*" ist doppeldeutig und kann als Metapher für 'das Nachsehen haben', 'der Verlierer sein' verstanden werden.

Die letzte Strophe verdeutlicht diesen Pessimismus des Sprechers: "*Wie man auch setzt im Leben,/man tippt doch immer daneben.*" Hier wird durch den Gebrauch des unpersönlichen 'man' ein Problem verallgemeinert und verobjektiviert. Die sentenzhafte Moral ermöglicht die Wendung zum Publikum. Der

---

[106] Tucholsky, Werke, Bd. 7, S. 11.

[107] Vgl. Beda Allemann: Ironie als literarisches Prinzip. (In: A. Schäfer (Hrsg.): Ironie und Dichtung. Sechs Essays. München 1970, S. 11 ff.)

Gebrauch der Wörter "*setzen*" und "*tippen*" in diesem Zusammenhang zeigt, dass hier die Liebe als eine Art Glücksspiel angesehen wird, ein Spiel, in dem man immer auch Verlierer ist. Die Formulierung: "*Wir sitzen mit unseren Gefühlen/meistens zwischen zwei Stühlen -* " verrät die Betroffenheit darüber, mit Gefühlen nicht umgehen zu können.[108]

Die Konsequenz daraus spricht das lyrische Ich expressis verbis aus: "*Und was bleibt ist des Herzens Ironie*". Interessant ist, dass die Anrede "*Lucindy*", die in Strophe eins bis drei nur jeweils zweimal auftaucht, am Ende der letzten Strophe dreimal wiederholt wird, dass also eine Steigerung stattfindet. Durch dieses Stilmittel erhält das Gedicht einen beschwörenden, appellhaften Charakter. Der resignierte Ton im letzten Satz soll vom 'Du' des Gedichts nicht überhört werden, damit etwas anderes möglich wird als die Flucht in die Ironie.

Dieses Gedicht ist nicht nur als Parodie auf die Schlagerbranche und ihre 'Ergüsse' zu verstehen, wenn es auch sicherlich in erster Linie ein Erweis für die frappierende Fähigkeit Tucholskys ist, den Schlager mit dessen eigenen Mitteln in seiner ganzen Phrasenhaftigkeit zu demaskieren.

Vor allem die letzte Strophe darf für sich ein Maß von Ernsthaftigkeit beanspruchen, das die Qualität derartiger Produktionen übersteigt. Das Bild von der Vergeblichkeit aller Bemühungen in punkto Liebe, das in ihr gezeichnet wird und gerade die nicht ironisch zu verstehende Rede von "*des Herzens Ironie*" widerspricht dem reinen Amüsement.

---

[108] Vgl. hierzu Kästners Formulierung: "Ach, unsre Seelen sitzen wie auf Stühlen und sehn der Liebe zu". Hier wird nicht Betroffenheit deutlich. Hier spricht ein lyrisches Ich, dessen Distanziertheit durch einen Mangel an Emotionen begründet ist. Kästner, Schriften, S. 180. (Eine ausführliche Interpretation des Gedichts "Ein Mann gibt Auskunft" folgt unter Punkt 2.4.5)

2.4.3 'Illusionen' ... Von der Sehnsucht als Selbstzweck

Kurt Tucholsky
Sehnsucht nach der Sehnsucht

Erst wollte ich mich dir in Keuschheit nahn.
Die Kette schmolz.
Ich bin doch schließlich, schließlich auch ein Mann,
und nicht von Holz.

Der Mai ist da. Der Vogel Pirol pfeift.
Es geht was um.
Und wer sich dies und wer sich das verkneift,
der ist schön dumm.

Denn mit der Seelenfreundschaft – liebste Frau,
hier dies Gedicht
zeigt mir und Ihnen treffend und genau:
es geht ja nicht.

Es geht nicht, wenn die linde Luft weht und
die Amsel singt –
wir brauchen alle einen roten Mund,
der uns beschwingt.

Wir brauchen alle etwas, das das Blut
rasch vorwärtstreibt –
es dichtet sich doch noch einmal so gut,
wenn man beweibt.

Doch heller noch tönt meiner Leier Klang,
wenn du versagst,
was ich entbehrte öde Jahre lang –
wenn du nicht magst.

So süß ist keine Liebesmelodie,
so frisch kein Bad,
so freundlich keine kleine Brust wie die,
die man nicht hat.

Die Wirklichkeit hat es noch nie gekonnt,
weil sie nichts hält.
Und strahlend überschleiert mir dein Blond
die ganze Welt.[109]

Tucholskys Gedicht "*Sehnsucht nach der Sehnsucht*" (1919) und Kästners Gedicht "*Ein Beispiel von ewiger Liebe*" (1932) sollen in diesem Kapitel ver-

[109] Tucholsky, Werke, Bd. 2. S. 86f.

gleichend interpretiert werden. Hauptthema dieser beiden Gedichte ist die aus der scheinbar nicht angestrebten Verwirklichung einer Liebesbeziehung entstehende Sehnsucht. Ausgeführt wird es in spezifisch differenter, die ganz unterschiedlichen Darstellungsmöglichkeiten der beiden Autoren kennzeichnender Weise.

Schon der erste Satz des Gedichts von Tucholsky macht – im Gegensatz zu der Erwartung, die der anspruchsvolle Titel erwecken könnte – den spielerisch-ironischen Charakter des Gedichts deutlich. Die pretiös-antiquierten Formulierungen der ersten beiden Zeilen, die das Bild 'ritterlichen' Verhaltens suggerieren, werden – durch ihre Oppositionssetzung zum umgangssprachlich-sprichwörtlichen Sprechen ("*nicht von Holz*") der folgenden Verse – in ihrer Funktion als ironisch zu verstehende Folie erkennbar. Darüber hinaus macht die erste Zeile der ersten Strophe schon zweierlei deutlich: Erstens, die Adressatin des Gedichts ist eine umworbene Frau. Zweitens: das relativierende "*erst*" und das Hilfsverb des ersten Satzes antizipieren die erst in Zeile drei und vier begründete Änderung der Absichten des lyrischen Ichs in Bezug auf das 'Du' des Gedichts; auffällig hierbei ist das Stilmittel der Verdoppelung: "*Ich bin doch schließlich, schließlich auch ein Mann*", was der Dringlichkeit des Begehrens Ausdruck verleihen soll. Doch auch diese darf nicht zu ernst genommen werden: Der ironische Gestus bleibt hier gleichermaßen unübersehbar. Der Satz in Zeile zwei: "*Die Kette schmolz*" [110], (Verwendung von zwei Bildbereichen: Halbe Metapher), ermöglicht dem Sprecher den Übergang von ritterlichem Verhalten zur Formulierung der eigenen sexuellen Bedürfnisse.
In den Strophen zwei bis fünf versucht er, dem "Du" des Gedichts zu vermitteln, dass sich seine Erwartungen geändert haben. Er erklärt dies in der zweiten Strophe mit den Auswirkungen des Frühlings. (Ein für die Liebeslyrik konventionelles Bild und nicht zuletzt auch ein indirektes Zitat des zeitgenössischen Schlagers der 'Comedian Harmonists': "*Veronika, der Lenz ist da*"). In dem Satz "*es geht was um*" ist festzustellen, dass das Wort "*was*" stellver-

[110] Eine witzig-pathetische Anspielung auf das "Feuer der Liebe", das die Kette zum Schmelzen bringt.

tretend für einen tabuisierten Bereich steht. "*Was*" ist hierbei kataphorisch[111], die sich daran anschließende Aussage "*und wer sich dies und wer sich das verkneift*" enthält zwei anaphorische[112] Elemente, nämlich "*dies*" und "*das*". Durch sie wird jedoch das "*was*" der zweiten Zeile nicht konkretisiert. Und doch ist es gerade dieses indirekte, mehrdeutige Sprechen, das dem Publikum unzweifelhaft eindeutig zu verstehen gibt, was gemeint ist. In der dritten Strophe dient "*dies Gedicht*" dem lyrischen Ich als Argument für die Unmöglichkeit der "*Seelenfreundschaft*": In dem Gedicht wird in der Form eines Zirkelschlusses das Gedicht angesprochen. Dies ist wohl nicht nur zu begreifen als ein Hinweis auf die (und eine Betonung der) Unwiderlegbarkeit der im Text entwickelten 'Argumente', sondern man muss nun auch das Lied in seiner unmittelbaren Werbungsfunktion in Bezug auf die angesprochene Frau verstehen.

Das lapidare "*es geht ja nicht*" verdeutlicht noch einmal die Unmöglichkeit der Ausklammerung der Sexualität aus der Liebesbeziehung. In der vierten Strophe wird wieder die Frühlingsmetapher aufgegriffen, die schon in der zweiten Strophe benutzt wurde. Außerdem wiederholt sich anfangs dieser Strophe die Formulierung, mit der die dritte Strophe endete, wodurch ihre Wirkung verstärkt wird. Im Gegensatz zur zweiten Strophe wird aber nun gefolgert, was 'Gebot der Stunde' sei: "*wir brauchen alle einen roten Mund*". Damit konkretisiert sich vordergründig das "*und wer sich dies und wer sich das verkneift*" der zweiten Strophe. In der fünften Strophe wird die Wendung "*wir brauchen alle*" noch einmal aufgenommen. Durch diese Wiederholung und durch den Gebrauch des Personalpronomens "*wir*" in Verbindung mit dem unbestimmten Zahlwort "*alle*" wird suggeriert, dass diese Aussage allgemein verbindlich sei. Der Inhalt der nächsten zwei Zeilen enttäuscht Lesererwartungen, weil keine Steigerung erfolgt, sondern dieses Bedürfnis nach Sexualität Zweckgründen untergeordnet wird: "*es dichtet sich doch noch einmal so gut*", wobei die übertriebene Betonung ein Hinweis auf den Ironiegehalt der Aussage ist.[113]

[111] Vgl. zu diesen Begriffen Wolfgang U. Dressler, Einführung in die Textlinguistik, Tübingen 1973, S. 23ff.

[112] Dressler, Einführung in die Textlinguistik, 1973, S. 23ff.

[113] Vgl. Allemann, Ironie als literarisches Prinzip, S. 11ff.

Diese unvermittelte Thematisierung von Dichten nicht als Mittel (als Werbung um die Frau, s. o.), sondern als Zweck, für welchen das Liebeserlebnis nur dienende, anregende Funktion hat (womit auch die Umworbene zur 'Muse' des Dichters degradiert wird), dient auch als Überleitung zu einem zweiten Teil des Liedes (Strophe sechs bis acht), in welchem es zentral um gerade diesen Aspekt geht. Angezeigt wird dieser Bruch auch durch Gleichstellung der ersten Zeile der sechsten Strophe mit der ersten Zeile der ersten Strophe in Bezug auf ihre Stil-Lage; anstelle des altertümlich klingenden Worts "*Keuschheit*" tritt hier die Erwähnung der "*Leier*", wobei durch eine Inversion der Effekt noch verstärkt wird.

Nun wird deutlich, dass es nicht der Erfüllung der eigenen Wünsche bedarf, dass vielmehr durch die Weigerung des anderen, auf diese einzugehen, das Gefühl gesteigert wird.[114]
Der Gebrauch des Verbs "*versagen*" in der zweiten Zeile ist doppeldeutig, denn "*versagen*" bedeutet sowohl 'unfähig sein' als auch 'nicht gewähren'. Eine Eindeutigkeit wird erst durch die dritte Zeile hergestellt: "*Was ich entbehrte (...)*". In der siebten Strophe wird noch einmal die Metaphorik der ersten Zeile der sechsten Strophe benutzt und so eine formale Verbindung zwischen diesen beiden Strophen hergestellt. Eine weitere Verknüpfung dieser zwei Strophen besteht darin, dass wir jetzt erfahren, <u>warum</u> es nicht um Erfüllung geht. Dass hier "*Liebesmelodie*", "*Bad*" und "*kleine Brust*" als gleichwertige Faktoren zur Bewirkung der – auch für das Dichten – ersehnten Sehnsucht notiert werden, verweist auf die verdinglichende Reduktion der Frau. Und diese geschieht auf zweifache Weise:
- in der Reduktion auf ihren Körper,
- in der Reduktion ihres Körpers auf eine Funktion (als ein nur in der Entbehrungssituation bloß anregendes Nutzobjekt).

Diese Zeilen sind gekennzeichnet durch das Durchbrechen des für die Liebeslyrik konventionellen Sprachgebrauchs, hervorgerufen mittels des Stil-

[114] Man könnte sich vorstellen, dass Tucholsky hierbei auf die Grundthematik des Minnegesangs (Vervollkommnung durch 'Dienst ohne Lohn', vgl. hierzu Peter Wapnewski: Deutsche Literatur des Mittelalters, Göttingen 1975, S. 78-82) anspielen und diese gleichzeitig parodieren wollte.

mittels der Katachrese,[115] "*so freundlich ist keine kleine Brust (...)*" und durch ein Scheinparadoxon "*so freundlich keine (...) wie die, die man nicht hat*". Deshalb kann also die Sehnsucht nicht durch die Verwirklichung des Herbeigesehnten befriedigt werden: "*Die Wirklichkeit hat es noch nie gekonnt*"; so bleibt die Sehnsucht nach der Sehnsucht Triebfeder allen Handelns, da aus ihr allein Kraft und Ansporn zum Dichten erwächst. Die unerwiderte Liebe wird hier zum Mittel der Realitätsflucht, die trotz Enttäuschung ungebrochen Angebetete zum Surrogat einer besseren Welt "*und strahlend überschleiert (*Hervorhebung d. Verf.*) mir dein Blond die ganze Welt*". Doch erschöpft sich diese Konsequenz in Tucholskys Lied nicht in der bloß zitierenden Benennung, und das Postulat des 'schönen Scheins' erfährt mehrfach ironische Brechung, betrachtet man es nicht isoliert vom vorhergehenden Kontext. Bedenkt man, dass das Gedicht ihr *'Blond'* als quasi austauschbar mit einem frischen Bad behandelt, so kann die Sehnsucht wohl kaum mehr als wirklich ernsthafte, tiefe verstanden werden. So wird auch jetzt erst, am Ende des Gedichts, die Bedeutung des Titels im vollen Sinne klar: "*Sehnsucht nach der Sehnsucht*" muss der männliche Sprecher des Gedichts haben, weil das, was als Sehnsucht im Text benannt ist, in Wahrheit keine ist. Damit wird aber auch in witziger Weise deutlich gemacht, wie groß das emotionale Defizit des männlichen Sprechers ist. Er bedarf der Frau als Muse und Stimulans. Um dieses Defizit bemerken zu können, benötigt er die Konfrontation mit ihr. Die Zweckdienlichmachung der Frau aber – diese Erkenntnis ist am Gedicht ablesbar – macht es dem Mann möglich, produktiv zu werden und dadurch eine Schwäche in Stärke umzumünzen.
Tucholskys Tonart in seinen veröffentlichten Liebesgedichten ist geprägt von einer spielerischen Unernsthaftigkeit. Diese Leichtigkeit hat mit einem anderen Anspruch im Hinblick auf Lyrik[116] zu tun und auch damit, dass Tucholsky die meisten seiner Lieder für das Kabarett geschrieben hat. Dies bedeutet gleichzeitig, dass sie unter die Gattung 'Literarische Chansons' leichter zu

[115] Wilpert, Sachwörterbuch der Literatur, S. 361f und S. 380.

[116] Ironisch äußert sich Tucholsky in einem (unter dem Pseudonym Kaspar Hauser) veröffentlichten Artikel über Lyrik: "Der Mensch zerfällt in zwei Teile: in einen männlichen (...), und einen weiblichen (...). Beide haben sogenannte Gefühle: Man ruft diese am sichersten dadurch hervor, dass man gewisse Nervenpunkte des Organismus in Funktion setzt. In diesen Fällen sondern manche Menschen Lyrik ab".
Tucholsky, Werke, Bd. 9, S. 230f.

subsumieren sind als Kästners Liebesgedichte. Dass Kästners Gedichte nicht wirklich singbar sind, sondern sich höchstens für eine Art von Sprechgesang eignen, hat jüngst noch der bekannte Kabarettist Gerhard Bronner nachzuweisen versucht.[117]

Kästners literarische Produktion in diesem Zeitraum ist vorwiegend in dem Bereich 'Liebeslyrik', 'erotische Dichtung' anzusiedeln. Aber er schrieb seine Gedichte nicht nur, um seine Leser zu amüsieren bzw. zu schockieren. Er hatte das Anliegen, ihnen etwas zu sagen, sie zu trösten und zu beraten – ihnen seine "*andere(*n*) Medikamente*" [118] zu verschreiben: (Siehe hierzu auch das Kapitel "*Gebrauchslyrik*".)

Kennzeichnen lässt sich seine Liebeslyrik als ständiges Schwanken zwischen lapidaren Statements und wehmütigen, manchmal fast wehleidigen Einsichten.

Erich Kästner
Ein Beispiel von ewiger Liebe

Im gelben Autobus ging's durch den Ort.
Schnell hinein, schnell heraus.
Erstes Haus, letztes Haus.
Fort.

Hab ich den Namen vergessen?
Ob ich ihn überhaupt las?
Es war eine Kleinstadt in Hessen,
zwischen Reben und Gras.

Du standest am Gartenrand,
als du mich plötzlich erblicktest.
Zärtlich hob ich die Hand.
Du nicktest.

Darf ich nicht Du zu dir sagen?
War keine Zeit dazu,
lang um Erlaubnis zu fragen.
Ich sag du.

Ich wünschte so sehnlich,
ich stünde bei dir.
Ging dir's nicht ähnlich?
Ging dir's wie mir?

---

[117] ORF-Radiosendung: Schlager für Fortgeschrittene, vom 02. Januar 1983.

Der Zufall hat keinen Verstand.
Es heißt, er sei blind.
Er gab und entzog uns hastig die Hand,
wie ein ängstliches Kind.

Ich bin entschlossen, fest daran zu glauben,
daß du die Richtige gewesen wärst.
Du kannst mir diese Illusion nicht rauben,
da du sie nicht erfährst.

Du lehntest lächelnd am grünen Staket.
Es war im Taunus. Es war in Hessen.
Ich habe den Namen des Orts vergessen.
Die Liebe besteht.[119]

Das Gedicht: *"Ein Beispiel von ewiger Liebe"* soll als Beispiel für die oben aufgestellte Behauptung dienen. In knappen Worten stakkatohaften Sprechens, mit welchem der Text im Tempo der Rede die Schnelligkeit der Bewegung
ikonisch abbildet, wird hier eine für den Sprecher unvergessliche Begegnung mit einer Frau beschrieben, die "*am Gartenrand*" stand, als er im Autobus durch einen Ort in Hessen fuhr. Der lapidare und etwas ironische Ton der Anfangsstrophen wird jedoch nicht bis zum Ende des Gedichts durchgehalten. Dem Tempowechsel von der dritten zur vierten Strophe kommt eine zentrale Bedeutung zu: Sind die ersten Verse in erinnerndem Imperfekt gehalten, so spricht nun das lyrische Ich die Frau direkt im Präsens an, holt so das Geschehen der Begegnung in die Gegenwärtigkeit des Gedichts. Dieser Vorgang lässt nicht nur die im Gedicht dargestellte Wirklichkeit, sondern gerade die Darstellung des Gedichts selbst zum "*Beispiel von ewiger Liebe*" werden. In der sechsten Strophe heißt es:

Der Zufall hat keinen Verstand.
Es heißt, er sei blind.
Er gab und entzog uns hastig die Hand,
wie ein ängstliches Kind.

Mittels dieser Zeilen kommt plötzlich eine andere Stimmung und damit auch eine andere Ebene in das Gedicht: Nach den reinen Situationsbeschreibungen folgen hier nun eine reflektierende Textpassage und unmittelbar auf die

[118] Kästner, Schriften, Bd. 8, S. 193.
[119] Kästner, Schriften Bd. 1, S. 250f.

Begegnung bezogene Bemerkungen. Diese Verse sind in ihrer lyrischen Explikation der sprichwörtlichen Rede vom 'blinden Zufall' gekennzeichnet durch ein larmoyantes Sprechen,[120]das in einer auf Besinnlichkeit zielenden, wehmütigen Haltung begründet ist: Wo das bloße, verantwortungslose Schicksal regiert, bleibt Mann und Frau nur die resignative Einsicht.
Zwar kehrt der Sprecher in der nächsten Strophe zum leicht persiflierenden Tonfall zurück: "*Ich bin entschlossen, fest daran zu glauben,/daß du die Richtige gewesen wärst*". Hier glaubt nicht jemand an etwas, vielmehr ist es sein Entschluss, glauben zu wollen. Da dies aber eine Sache der Ratio ist, wird seine 'Liebe' ebenfalls (als rationaler Entschluss) in ihrer Künstlichkeit offenbar. Aber der Bruch innerhalb des Gedichts ist unübersehbar und die Uneinheitlichkeit dieses Textes macht es auf jeden Fall schwer, dieses Gedicht als reine Persiflage zu verstehen, obgleich gerade der Titel wie auch insgesamt der Tenor des Gedichts schon als parodistisches Zitat der Floskeln 'ewige Liebe' oder 'für immer dein' zu verstehen ist. Die zuletzt zitierten und interpretierten Verse sind als witzige intendiert, durch die dennoch der Ernst stets durchschimmert. Der Umstand, dass Wünsche und Sehnsüchte ("*Ich wünschte so sehnlich,/ich stünde bei dir*") dem Menschen, der sie hervorgerufen hat, gar nicht mehr mitgeteilt werden, verrät ein hohes Maß an Desillusionierung. Die Sehnsucht nach Erfüllung ist der schalen Freude gewichen, dass einem zumindest dann die Gefühle nicht genommen werden können, wenn man sie für sich behält. ("*Du kannst mir diese Illusion nicht rauben,/da du sie nicht erfährst*".) 'Sehnsucht nach der Sehnsucht' also auch hier, verantwortlich dafür aber wird, anders als bei Tucholsky, der "*Zufall*" gemacht.
Wenn Egon Schwarz davon spricht, dass bei Kästner "*großstädtisch abgebrühte Schnoddrigkeit und provinzielle Sentimentalität*" [121] eine Verbindung

[120] Lethen sieht in dieser "Larmoyanz" ein wesentliches Kennzeichen der 'neusachlichen Lyrik'. Vgl. Lethen, Neue Sachlichkeit, S. 46.
[121] Egon Schwarz: Keine Jungfernkränze. (In: Frankfurter Anthologie, Bd. 2, Frankfurt/ Main 1977, S. 164.)

eingehen, so kann das als treffendes Charakteristikum auch für dieses Gedicht gelten.[122]

[122] Vgl. Schwarz, "Keine Jungfernkränze", S. 164. Wenn Schwarz an gleicher Stelle aber anmerkt, der Stil der Neuen Sachlichkeit könne prinzipiell besser "rührselig als neu" genannt werden, weil jene Mischung auch bei Kästners Zeitgenossen Tucholsky, Benn und Brecht gefunden werden könne, übersieht er, dass gerade Tucholsky der Vorwurf von Sentimentalität nicht gemacht werden kann, weil er Sentimentalität stets in persi-flierender Weise verwendet und damit umdeutet.

2.4.4 Ein Blick ins 'Milieu' – Gedichte im Soziolekt

Kurt Tucholsky
Singt eener uffn Hof

Ick hab ma so mit dir jeschunden,
ick hab ma so mit dir jeplacht.
Ick ha in sießen Liebesstunden
Zu dir "Mein Pummelchen" jesacht.
Du wahst in meines Lehms Auf und Ab
die Rasenbank am Elternjrab.

Mein Auhre sah den Hümmel offen,
ick nahm dir sachte uffn Schoß.
An nächsten Tach wahst du besoffen
Un jingst mit fremde Kerle los.
Un bist retuhr jekomm, bleich un schlapp –
von wejen: Rasenbank am Elternjrab!

Du wahst mein schönstet Jlück auf Erden,
nur du – von hinten und von vorn.
Mit uns zwee hätt et können werden,
et is man leider nischt jeworn.
Der Blumentopp vor deinen Fensta
der duftet in dein Zimmer rein ...
Leb wohl, mein liebes Kind, und wennsta
mal dreckich jeht, denn denke mein -![123]

Bei *"Singt eener uffn Hof"* handelt es sich um ein im Berliner Dialekt verfasstes Rollengedicht. Der Bürger Tucholsky lässt hier einen Berliner Hinterhofsänger das Scheitern einer Liebe besingen. Die beiden Liebenden entstammen eindeutig dem Arbeitermilieu der Metropole. Das Lied ist *"volkstümlich"*[124], jedoch ohne Anbiederung. Es passt sich ein in die Reihe der Rollenchansons des Kabaretts – gibt aber dessen Bürgerpublikum kaum die Chance zur hämischen Überhebung.
Tucholsky gelingt diese schmale Gratwanderung, indem er die verschiedenen Elemente des Typus 'Milieugedicht': Dialekt auf der formalen Ebene, auf der inhaltlichen: das typisch 'sentimentale' Welterleben der Protagonisten, zwar verwendet, aber nicht auf Kosten seiner Figuren einseitig pointiert, sondern sie integriert in eine komplexe Textstruktur.

[123] Tucholsky, Werke, Bd. 10, S. 61f.
[124] Vgl. hierzu Wolfgang Ruttkowski: Das literarische Chanson in Deutschland. Bern/München 1966.

Schon die erste Strophe gibt uns Auskunft darüber, dass in dieser im Gedicht beschriebenen gesellschaftlichen Schicht Liebe nicht viel mit Romantik, viel aber mit Arbeit zu tun hat. Rückblickend erscheint dem Mann zunächst alles nur 'Schinderei' und 'Sich-Plagen' gewesen zu sein. Gerade diese Negativität wird aber zum Ausweis der Qualität des Liebes-Dienstes, der folgerichtig seinen Lohn verdient hätte. Auch Liebesarbeit wird hier zur entfremdeten Arbeit, die bloß ein gerechtes Entgelt fordern kann. Es gab jedoch auch "*sieße (.) Liebesstunden*": Die Tatsache, dass der Dialekt-Sprechende hier gezwungen ist, auf eine dem Hochdeutschen entlehnte Phrase üblichen Redens von Liebe auszuweichen, ist schon Indiz der Seltenheit solchen Glücks. Die Einschätzung von Liebe lässt auch nur eine so bescheidene Erwartung zu, wie sie am Schluss der ersten Strophe deutlich wird: Liebe ist nur mehr ein Ort der Regeneration. Dies klingt fast nach 'objektiv'-marxistischer Analyse.

Doch so weit ist das subjektive Bewusstsein von der Situation nicht. Nicht von 'Arbeit' ist die Rede, sondern nur unbestimmt – und wieder sich einer Phrase bedienend – von des *"Lehms Auf und Ab"*. Andererseits gibt der Sprecher in seiner defätistisch anmutenden Realitätseinschätzung doch auch noch mehr kund, als die Idealfunktion von der Regeneration beschreibt. Es ist die *"Rasenbank"*, die vor dem *"Elternjrab"* platziert ist: Auch das Ausruhen bekommt einen Beigeschmack von Verzicht, Leid. Darüber bleibt noch der Anspruch auf Ruhe, Wiederherstellung der Arbeitskraft einseitig dem Mann vorbehalten. Die Rollen sind nicht vertauschbar. Die Untreue der Frau, der Verlust ihrer Kraft ("*bleich un schlapp*"), die zur Regeneration des Mannes nötig war, ihre Rückkehr zu ihm als nun selbst des Ausruhens und der Geborgenheit Bedürftige, bedeutet für ihn notwendigerweise die Trennung *("von wejen: Rasenbank am Elternjrab!".)*

Die ersten Zeilen der folgenden Strophen setzen mit einem Sprechen ein, das sich Phrasen bedient, die dann jeweils in den folgenden Zeilen mit der Realität der Liebesbeziehung konfrontiert werden. So wird das *"offen"* der Rede vom Himmel, der sich dem Auge des Liebenden öffnet, in komisch desillusionierender Weise durch seine Reimbindung dem *"besoffen"* gegenüber gestellt. So besteht sein *"schönstet Jlück auf Erden"* nur in rein sexueller Bedürfnisbefriedigung ("*von hinten und von vorn*").

Das Fortschreiten des Gedichts in Oppositionen bedeutet auf der inhaltlichen Ebene die Verhinderung von einseitiger Fixierung auf eine Stimmung (Ge-

fühlslage): Das lapidare Konstatieren des Endes der Beziehung wird in den folgenden zwei Zeilen kontrastiert von einem 'sentimentalen' Bild. In den Schlusszeilen schließlich wird diese 'Sentimentalität' abgelöst von der rein hochdeutsch gehaltenen Anrede der Frau "*Leb wohl, mein liebes Kind (...)*". Doch sofort fällt der Sprecher wieder in seinen Dialekt zurück. Wenn es sich um für ihn real vorstellbare Befindlichkeiten der Frau in der Zukunft handelt, es ihr einmal "*dreckich*" geht, dann wird sie verstehen, was er gelitten hat.
Die letzten drei Worte des Gedichts sind nun, als Verbindung von dialektgefärbter und hochsprachlicher Floskel ("*denn*", nicht 'dann', "*denke mein*"), auf knappstem Raum Ausdruck des Widerspruchs von eigenem Denken und Fühlen und bloß angemaßte Phrase als Ausdruck uneigentlichen Denkens.
Zusammenfassend lässt sich zu dem hier abgebildeten Verhältnis der Geschlechter sagen, dass es als erbarmungswürdig und überwindenswert begriffen wird. Der Sprecher des Gedichts begegnet uns hier als 'geschundener' Mensch, dem nur noch seine Zugehörigkeit zum männlichen Geschlecht einen Vorteil (Anspruch auf Regeneration durch die Frau) verschaffen kann. Aber auch das misslingt, wo die Frau ihrer Rolle nicht genügt. Das "*schönstet Jlück auf Erden*" kann, dieser Schluss lässt sich bei aller Ironie aus den Versen ziehen, nicht bestehen, so lange die Ausnutzung der Partnerin noch notwendig scheint, um dem eigenen Leben etwas Freude abgewinnen zu können.

Erich Kästner
Der Scheidebrief (die ledige Erna Schmidt schreibt)

Zwei Stunden sitz ich nun in Caffee Bauer.
Wenn du nicht willst, dann sag es ins Gesicht.
Deswegen wird mir meine Milch nicht sauer.
Ich pfeif auf dich, mein Schatz. Na schön, dann nicht!

Du brauchst nicht denken, daß ich dich entbehre,
Mit dem Verkehr mit mir, das ist jetzt aus.
Auch ich hab so etwas wie eine Ehre.
Laß dich nicht blicken, Schatz, sonst fliegst Du raus.

Da sitz ich nun und weis nicht, wovon zahlen.
Der Ober guckt schon wie ein Dedektif.
Ich wollte die Klosettfrau, Mutter Grahlen,
anpumpen. Doch das Rindvieh schlief.

Du bist der erste nicht der so verschwindet.

Das habe ich nicht an Dir verdient, mein Kind.
Du glaubst doch nicht, daß sich kein andrer findet?
Es gibt noch welche, die in Stimmung sind.

Ich hab das Grüne an aus Poppelien.
Das Loch drinn hast du auch hineingerissen.
Du weißt es reicht mir nur bis zu den Knien.
Ich hab auch noch ein angefangnes Kissen ...

Das solltest du am heilgen Abend kriegen.
Das ist nun aus und mir auch einerlei.
Es werden öfters andre darauf liegen.
Denn was vorbei ist, Schatz, das ist vorbei.

Ich sitz allein und wippe mit die Beine.
Verschiedne Herren reflektieren stark.
Bei Licht betrachtet seit ihr alle Schweine.
Was hilft das alles? Ich brauch hundert Mark.

Ich bin nicht stolz. Auch wär das nicht am Platze.
Wenn du was übrig hast dann schick es schnell.
Mir gegenüber feixt ein Herr mit Glatze.
Das ist der Scheff von Engelhorns Hotell.

Wenn du mich triffst Du brauchst mich nicht zu grüßen.
Man kann nie wissen und es stört auch blos.
Seit gestern nacht habe ich geschwollne Drüßen.
Wenn alles gut geht, ist da etwas los.

Na Schluß. Der Visawie von gegenüber
fragt ob ich wollte denn er möchte schon.
Der hat Moneten so ein alter Schieber.
Behalt Dein Geld und schlaf allein, mein Sohn.

Auch Du warst einer von die feinen Herrn.
Der Alte kommt. Er nimmt mich zu sich mit.
Rutsch mir den Buckel lang und hab mich gern.
Von ganzem Herzen Deine Erna Schmidt.[125]

[125] Kästner, Schriften, Bd. 1, S. 81f.

Auch Erich Kästners "*Der Scheidebrief*" ist ein Milieu-Gedicht, wenngleich auch nicht im Dialekt verfasst. Orthografie-[126]und Grammatikfehler (etwa: "*weis nicht, wovon zahlen*"), Schimpfwortgebrauch (*"Rindvieh", "Schweine"* etc.) sollen im Text das – sozialdefinierte – restringierte Sprechen ausweisen. Sein Titel ist zweideutig. Wie sich im Verlauf des Gedichts herausstellt, spricht hier eine Frau, die ihren Körper zur Ware machen muss, und so kann *"Scheidebrief"* als Abschiedsbrief und auch als Anspielung auf das weibliche Geschlechtsorgan verstanden werden. Der Untertitel *"Die ledige (*Hervorhebung d. Verf.) *Erna Schmidt schreibt"* legt Ressentiments nahe[127] (nicht verheiratet zu sein, ist etwas Anrüchiges), die im Gedicht ja auch bestätigt werden. Es ist deutlich, dass hiermit eine Sprechweise zitiert wird, die die Dinge nicht direkt beim Namen nennt und die in den Bereich bürgerlicher Doppelmoral und deren tabuisierenden Sprechens gehört. Denn dass es sich bei der Sprecherin um eine Frau handelt, die sich prostituieren muss, um ihren Lebensunterhalt zu sichern,[128] wird spätestens in der siebten Strophe: *"Was hilft das alles? Ich brauch hundert Mark"* in aller Eindeutigkeit gesagt. Doch nicht um eine Entlarvung dieser Doppelmoral geht es in dem Gedicht, eher schon um eine moralisierende Anklage der "*Schweine*" und "*feinen Herren*", die die materielle Not der Frau ausnützen und ihr einen derartigen Lebenswandel mit ihren "*Moneten*" ermöglichen. Ziemlich unverblümt und desillusioniert schildert das lyrische Ich in diesen Versen seine miserable Situation, wobei der Satz: *"Das hab ich nicht an Dir verdient, mein Kind"* doppeldeutig ist. Er kann einerseits verstanden werden als 'du tust mir damit Unrecht' und andererseits

[126] Die Orthografiefehler sind nicht allein nach dem Schwierigkeitsgrad der Wörter eingebaut. "Reflexion" ist beispielsweise korrekt geschrieben, das relativ einfache Wort "trifst" hingegen nicht. Es scheint demnach ziemlich willkürlich verfahren worden zu sein.

[127] Dass in Kästners Geschichten Ressentiments zum Ausdruck kommen, lässt sich auch an anderen Gedichten aufzeigen; vgl. hierzu auch *"Moralische Anatomie"*, *"An ein Scheusal im Abendkleid"*, *"Sogenannte Klassefrauen"* etc.

[128] Vgl. zu dieser Thematik Irmgard Keuns 1932 erschienenes Buch "Das kunstseidene Mädchen". Die Autorin beschreibt Stationen im Leben einer Sekretärin, die, der Provinz überdrüssig, in die Metropole Berlin zieht. Der Traum, Filmkarriere zu machen, ist bald ausgeträumt und die Protagonistin des Romans hat eine kurze Liebesaffäre nach der anderen, muss sie auch haben, um sich ihre Existenzgrundlage zu sichern. Die Geschichte von Doris, dem 'kunstseidenen Mädchen', zeigt einen Frauentypus in der Weimarer Republik, der von Ruhm und Glanz träumt und dann in Abhängigkeit von dem Geld und der Gunst der Männer gerät, die sich mit diesen Frauen nur amüsieren wollen.

– viel direkter – bedeuten, dass ihr der Kontakt mit dem 'Du' des Gedichts nicht so viel Geld eingebracht hat, dass sie sein Ausbleiben tolerieren könnte. Finanziell auf das *"reflektieren"* verschiedener Herren angewiesen, kann sich die Frau Stolz nicht leisten: *"Was hilft das alles? Ich brauch hundert Mark"*. Aber auch diese Milieuschilderung kommt nicht ohne ihre Idylle aus und so heißt es in der letzten Zeile von Strophe fünf: *"Ich hab' auch noch ein angefangenes Kissen .../Das solltest Du am heilgen Abend kriegen"*. Es sind diese Strophen (fünf und sechs), die Mitgefühl für die Frau wecken sollen, die in ihrem kleinbürgerlichen Gestus aber der Situationskritik jegliche Schärfe nehmen, sie aufweichen zu einer Rührung darüber, dass auch so eine Frau noch mütterlich-fürsorgliches Verhalten zu zeigen vermag,[129] (ja, wenn man unter dem Kissen auch das 'Brautkissen' verstehen kann, sich sehnt nach einem bürgerlich sicheren Familienleben).

Die oben zitierten Passagen in Kästners Gedicht sollen zwar das Gefühl geben, *"im Umgang mit den Freuden und Schmerzen der Gegenwart"* notiert worden zu sein, verraten aber, dass der Chronist diese von außen, von oben her betrachtet. Sein Versuch, durch Orthografiefehler Volksverbundenheit auszudrücken, wirkt deshalb unglaubwürdig und sentimental.

Das Verständnis für die Gedichtssprecherin geht nur soweit, als der Leser darüber informiert wird, dass auch solche Frauen mitunter Gefühle für ihre Verehrer entwickeln können.

Dies geht aber über den Wunsch des normalen, liebesunfähigen, in seiner Ehe enttäuschten, bürgerlichen Liebhabers solcher Frauen sicherlich nicht hinaus. Das schlechte Los der Frau hingegen, ihr 'unverdientes' Unglück, immer wieder von ihren Verehrern, von denen sie finanziell abhängig ist, verlassen zu werden, wird dargestellt als schicksalhaftes Verhängnis. Da dieses 'Schicksal' bedauerlich, aber nicht zu ändern ist, bleibt, folgt man dem Gedicht, nur die Möglichkeit, sich mit dem Gegebenen zu arrangieren.

Das bedeutet aber, dass das Ausgeliefertsein der Frau an Männer letztendlich auch nicht in Frage gestellt, sondern nur konstatiert wird. Diese spezifi-

---

[129] Vgl.: "Eine Mutter zieht Bilanz". Hier heißt es: "Seit einem Jahr, da hat er eine Braut. Das Bild von ihr will er schon lange schicken. Ob er mich kommen läßt, wenn man sie traut? Ich würde ihnen gern ein Kissen sticken". Kästner, Schriften, Bd. 1, S. 116. Die Anrede "mein Sohn" gehört, auch wenn das Vorhergehende der Zeile dazu in Widerspruch gesetzt ist ("behalt dein Geld und schlaf allein, (...)", ebenfalls in diesen Bereich der Mütterlichkeit.

sche Umgangsform zwischen Mann und Frau wird damit in einer Art und Weise vorgeführt, die vergessen macht, wie traurig die bestehenden gesellschaftlichen Verhältnisse sind, die solche Phänomene erst bedingen.
So bietet das Gedicht keine Erkenntnismöglichkeiten, begnügt sich mit einer reinen Unterhaltungsfunktion, statt aufklärerisch zu wirken.

2.4.5 Die 'Wahrheit' des Mannes – (Selbst-)Rechtfertigung zwischen Elegie und Apologie

Erich Kästner
Ein Mann gibt Auskunft

Das Jahr war schön und wird nie wiederkehren,.
Du wußtest, was ich wollte, stets und gehst.
Ich wünschte zwar, ich könnt dir's erklären,
und wünsche doch, daß du mich nicht verstehst.

Ich riet dir manchmal, dich von mir zu trennen,
und danke dir, daß du bis heute bliebst.
Du kanntest mich und lerntest mich nicht kennen.
Ich hatte Angst vor dir, weil du mich liebst.

Du denkst vielleicht, ich hätte dich betrogen.
Du denkst bestimmt, ich wäre nicht wie einst.
Und dabei habe ich dich nie belogen!
Wenn du auch weinst.

Du zürntest manchmal über meine Kühle.
Ich muß dir sagen: Damals warst du klug.
Ich hatte stets die nämlichen Gefühle.
Sie waren aber niemals stark genug.

Du denkst, das klingt, als wollte ich mich loben
und stünde stolz auf einer Art Podest.
Ich stand nur fern von dir. Ich stand nicht oben.
Du bist mir böse, weil du mich verläßt.

Es gibt auch andre, die wie ich empfinden.
Wir sind um soviel ärmer, als ihr seid.
Wir suchen nicht. Wir lassen uns bloß finden.
Wenn wir euch leiden sehn, packt uns der Neid.

Ihr habt es gut. Denn ihr dürft alles fühlen.
Und wenn ihr trauert, drückt uns nur der Schuh.
Ach, unsre Seelen sitzen wie auf Stühlen
und sehn der Liebe zu.

Ich hatte Furcht vor dir, du stelltest Fragen.
Ich brauchte dich und tat dir doch nur weh.
Du wolltest Antwort. Sollte ich denn sagen:
Geh ...

> Es ist bequem, mit Worten zu erklären.
> Ich tu es nur, weil du es so verlangst.
> Das Jahr war schön und wird nie wiederkehren.
> Und wer kommt nun? Leb wohl! Ich habe Angst. [130]

Bei dem Gedicht *"Ein Mann gibt Auskunft"* [131] wird bereits im Titel der 'Gebrauchscharakter' von Kästners Lyrik deutlich. Eine Auskunft hilft im allgemeinen weiter. Dass ein Gedicht sich diesem pragmatischen Anspruch stellt, ist ungewöhnlich. Die damit geweckte Erwartung ist: Klare Aussagen werden folgen, eine Erwartung, die nicht erfüllt wird.

Die 'Auskunft' beginnt mit einer Feststellung, die deutlich macht, welchen Beweggrund der Mann hat, Auskunft geben zu wollen: Verlust von Glück (vgl. 1/1, 1/2). Die folgenden Verse sind von Paradoxien gekennzeichnet. Die Formulierung: *"Du wußtest, was ich wollte, stets und gehst"* (1/2) ist doppeldeutig: Ist es nur das Eine, nämlich sexuelle Befriedigung, die der Mann *"stets"* will, (wobei durch die Inversion *"stets"* als konstantes und *"gehst"* als dynamisches Element zur Verdeutlichung des Kontrastes nah nebeneinander gerückt werden). Hier taucht die Frage auf: Kommt Bewegung in das festgefahrene Verhalten des 'Du' des Gedichts, weil es, nachdem es bislang nur wusste, was der Mann wollte, nun weiß, was es <u>selber</u> will? Emanzipiert sich die Frau?

Die Zeilen drei bis acht zeugen von der Widersprüchlichkeit des Sprechers. Er will dem 'Du' des Gedichts seine Wünsche erklären, <u>ohne</u> dabei verstanden werden zu wollen, er schwankt zwischen dem Wunsch nach Fortbestand der Beziehung und nach Trennung (vgl. 2/1 und 2/2).

Die Formulierung: *"Du kanntest mich und lerntest mich nicht kennen"* (2/3) wirkt auf den ersten Blick ebenfalls widersprüchlich. Interpretiert man das erste 'Kennen' als Beschreibung dessen, was umgangssprachlich unter 'Bekanntschaft' verstanden wird, als Kennzeichnung einer oberflächlichen Ebene und das zweite 'Kennen' im Sinne von 'Erkennen', als einer tieferen Bedeutung, löst sich dieses Paradoxon auf.

In der letzten Zeile der zweiten Strophe kommt zum ersten Mal die Grundproblematik des Sprechers zum Ausdruck: *"Ich hatte Angst vor dir, weil du mich liebst."* Diese – erst überraschende – Feststellung wird in Strophe sie-

---

[130] Kästner, Schriften, Bd. 1, S. 179f.

[131] So auch der Titel des 1930 erschienenen Gedichtbands Kästners.

ben begründet. Hier heißt es: "*Ihr habt es gut, denn ihr dürft alles fühlen./(...) Ach, unsre Seelen sitzen wie auf Stühlen/und sehn der Liebe zu.*" Dieser Gegensatz: Gefühlsarmut – Gefühlsintensität wird in den folgenden Strophen genauer beleuchtet:

> Du zürntest manchmal über meine Kühle.
> Ich muß dir sagen: Damals warst du klug.
> Ich hatte stets die nämlichen Gefühle.
> Sie waren aber niemals stark genug.

Während aber diese Beziehung bei dem Mann keinerlei Veränderung seiner Gefühle und seines Verhaltens bewirkt hat – und das macht seine Rede deutlich –, hat das 'Du' des Gedichts unter der Diskrepanz der Emotionen gelitten und nun die Konsequenz gezogen: Es hat den Mann verlassen, eine Konsequenz, die das lyrische Ich mit dem Satz: *"Du bist mir böse, weil du mich verlässt."* (5/4) kommentiert. Eine Formulierung, die erst verwundert: Nach dem ersten Teil des Satzes erwartet man eine andere Kausalergänzung (etwa: weil ich dich verlasse). In Auseinandersetzung mit dieser Zeile taucht die Vermutung auf, dass die Frau dem Sprecher *"böse"* ist, weil er durch sein Verhalten, seine emotionale Kälte diesen Bruch notwendig macht. So wird, mittels Enttäuschung der Lesererwartung, ein Prozess der Reflexion eingeleitet.
Die Tendenz, sich angesprochen und mitbetroffen zu fühlen, wird durch den nun folgenden Einschnitt verstärkt: In den nächsten beiden Strophen ist von "*wir*" und "*ihr*" die Rede. Die bislang scheinbar so persönliche Konfliktsituation des Mannes wird verallgemeinert: *"Es gibt auch andre, die wie ich empfinden"* (6/1), wobei die eigene Position scheinbar nicht als erstrebenswert angesehen wird: *"Wir sind um soviel ärmer, als ihr seid."* (6/2)
Die Larmoyanz der Rede freilich nimmt dieser Aussage von ihrer Glaubwürdigkeit: Hier wird psychische Verfasstheit als äußeres Verhängnis gesehen, mit dem man sich abzufinden – und in diesem Falle auch gut arrangiert – hat.
In diesen Versen wird das Identifikationsangebot deutlich. Es besteht die 'Wahl'-Möglichkeit, sich in der Charakterisierung der Gruppe A (Mann, Leidensgenosse) oder der Gruppe B ("*ihr*", Frauen) wiederzufinden. Die Person

des Mannes, der Auskunft gibt, und der Frau, die dies "*verlangt*", übernehmen also Stellvertreterfunktion für ganze Gruppen.
Der Einschub der beiden verallgemeinernden Strophen ist deshalb so sehr von Bedeutung, weil erst durch sie der Anspruch eingelöst wird, für jeden Leser von Relevanz zu sein, eine Auskunft auch über die Probleme des Rezipienten zu geben.
Nun wird die Schilderung einer gescheiterten Liebesbeziehung zum Hinweis darauf, dass auch uns 'der Schuh drückt' (vgl. 7/3), zur Erinnerung an unsere eigenen Schwierigkeiten in diesen Belangen.
Dieses Gedicht wirft Fragen auf, ohne Antworten geben zu können. Seine Worte "*erklären*" nichts; es liefert Feststellungen, Beschreibungen und Vermutungen zum Thema 'Liebe', die beunruhigend viel offen lassen. Und ist schon die 'Selbstkritik' des Mannes, dass er es sich mit dieser "*Auskunft*" "*bequem*" gemacht habe, Ausdruck des subjektiv begrenzten Bewusstseins des Sprechers, dem der Text, der den Mann in seiner Widersprüchlichkeit zeigt, widerspricht,[132] so macht es das Gedicht insgesamt dem Leser nicht leicht; es liefert ihm keine 'brauchbare' Moral – wie sonst so oft in Kästners Lyrik – und wird doch gerade erst dadurch, dass es die Lage in ihrer Antinomie konstatiert, zu einem gelungenen Kunstwerk, zu etwas für den Leser Brauchbarem, denn es gibt ihm auf, selbst zu denken.

Erich Kästner
Plädoyer einer Frau

Du darfst mir das, was war, nicht übelnehmen.
Ich sag es dir, obwohl du mich nicht fragst.
Sieh mich dabei nicht an! Ich will mich schämen
und tun, als ob die Toten wiederkämen.
Ich glaube nicht, daß du mich dann noch magst.

Ich will nicht sagen, daß ich mir verzeihe.
Denn darauf kommt es im Moment nicht an.
Ich wartete und kam nicht an die Reihe
Wer keinen Mann hat, hat auf einmal zweie!
Doch fünf von diesen wären noch kein Mann.

Man fühlt: Man könnte Einem was bedeuten.

[132] So scheint es doch eher unbequem, erkennen zu müssen, dass die 'bequemen' Erklärungen das eigene Verhalten nicht erklären können, sondern nur ein Aufdecken von psychischen Problemen sind, die 'Mann' nicht verarbeitet hat.

Es ist nur traurig, daß es ihn nicht gibt.
Und dann umarmt man sich mit fremden Leuten.
Und wird zu einer von den vielen Bräuten,
die sich nur lieben läßt und selbst nicht liebt.

Die Zeit vergeht. Geduld ist keine Ware.
Man sucht nicht mehr. Man findet ab und zu.
Man sieht vom Fenster aus die Jagd der Jahre.
Man wartet nicht mehr auf das Wunderbare.
Und plötzlich kommt es doch! Denn nun kommst du.

Was war, das bleibt. Wie soll ich mich erneuen?
Mir wird ein Schmerz mit Nadeln zugenäht.
Was war, das bleibt. Man kann es nur bereuen.
Nun bist du da. Nun sollte ich mich freuen!
Ich bin nicht froh. Ist es denn schon zu spät?[133]

Als Pendant zu "*Ein Mann gibt Auskunft*" ist das Gedicht "*Plädoyer einer Frau*"[134], 1929 im Gedichtband "*Lärm im Spiegel*" erschienen, zu sehen. Hier ist das lyrische Ich eine Frau, die ein Plädoyer halten will, wie es der Titel ankündigt. Bereits in der ersten Zeile des Gedichts wird deutlich, dass sie ihr eigener[135] Verteidiger ist und warum sie sich rechtfertigt: Sie ist eine 'Frau mit Vergangenheit' ("*Du darfst mir das, was war, nicht übel nehmen.*")
Die vage Formulierung "*das*" erlaubt aber noch verschiedene Schlüsse (Ehebruch, Promiskuität, Kriminalität). In der zweiten Zeile erfahren wir, dass sie dies tut, ohne dass das 'Du' des Gedichts dies verlangt und dass ihr dies schwer fällt. Im Gegensatz zu dem Sprecher in "*Ein Mann gibt Auskunft*" ("*Ich tu es nur, weil du es so verlangst.*") scheint es das ureigenste Interesse der Frau zu sein, ihrem Gegenüber etwas klarzumachen. Dass sie dies aber trotz ihrer Angst, ihn und seine Liebe durch ihr Geständnis zu verlieren, tut, wird deutlich durch die zögernde Art, die vorsichtigen, indirekten Formulierungen, die sie benutzt, um einen 'Einstieg' zu finden: "*Ich will nicht sagen (...)*" (2/1,2).[136] Der Schlüsselsatz in Hinblick auf die Probleme der Frau: "*Ich war-*

---

[133] Kästner, Schriften, Bd. 1, S. 157f.

[134] Plädoyer: "Zusammenfassender Schlussvortrag des Strafverteidigers oder Staatsanwaltes vor Gericht". Der Große Duden, Bd. 5: Fremdwörterbuch, Mannheim 1966, S. 547.

[135] Der Titel macht zum einen noch nicht klar, wen die Frau verteidigt und legt zum anderen die Vermutung nahe, dass dieser Vorgang innerhalb einer Gerichtsverhandlung stattfindet. Diese Erwartung wird enttäuscht.

[136] Es gibt in den ersten beiden Strophen keinen einzigen Satz ohne Negation.

tete und kam nicht an die Reihe" (2/3) hat auch diese Tendenz. Nach "*ich wartete*" vermisst man eine Ergänzung, die durch den zweiten Teilsatz nicht geliefert wird, so dass auch hier der Leser durch die vage Äußerung nur auf Mutmaßungen angewiesen ist. Erst die folgenden Zeilen geben hierüber etwas Aufschluss (2/4, 2/5). Interessant ist hier der Wechsel vom "*Ich*" zu "*man*" (vgl. Strophe drei und vier). Die paradoxe Formulierung "*wer keinen Mann hat, hat auf einmal zweie*" (2/4) wirkt auf den ersten Blick überraschend, macht aber deutlich, dass es der Frau nicht um die Quantität von Beziehungen, sondern um die Qualität einer einzigen geht. Erhärtet wird dieser Eindruck durch den bereits oben erwähnten Wechsel zum unpersönlichen 'man', der den wahren Charakter dieser Kontakte sprachlich adäquat versinnbildlicht.

"*Und dann umarmt man sich mit fremden Leuten./Und wird zu einer von den vielen Bräuten*" (3/3, 3/4). Selbst zur 'Ware' geworden, ist dem lyrischen Ich die "*Geduld*" (4/1) abhanden gekommen. Die nicht eingelöste Erwartung, die unerfüllte Hoffnung auf die 'große Liebe' führt zur Resignation ("*Man sucht nicht mehr (...) – man wartet nicht mehr (...)*" (4/2, 4/4). Die Formulierung "*Man findet ab und zu*"[137] (4/2) verdient genauere Beachtung. Sie steht in Verbindung mit dem Satz "I*ch wartete und kam nicht an die Reihe.*" (2/3); In beiden Sätzen fehlt das Objekt. War es bei dem Satz der zweiten Strophe die Auslassung dessen, worauf gewartet wurde, so fällt bei dem oben erwähnten Satz der vierten Strophe der Hinweis weg, wen bzw. was man "*ab und zu*" findet. Der fehlenden Akkusativergänzung in diesen Sätzen entspricht inhaltlich die der Frau fehlende Ergänzung durch einen adäquaten Partner.

Zum anderen wird in diesen beiden Gedichtzeilen die Lesererwartung getäuscht: So ist das Ergebnis von 'warten' doch normalerweise, 'an die Reihe' zu kommen.

Auch bei der zitierten Zeile der vierten Strophe findet eine Umkehrung des normalen Zusammenhangs statt, wenn davon berichtet wird, dass 'man fin-

[137] Die Zeile: "Man sucht nicht mehr, man findet ab und zu" erinnert an die Verse "wir suchen nicht, wir lassen uns bloß finden" in "Ein Mann gibt Auskunft". Während diese resignative Passivität bei der Frau Resultat bitterer Erfahrungen ist, scheint sie bei dem Sprecher in "Ein Mann gibt Auskunft" a priori vorhanden gewesen zu sein.

det', was man nicht sucht (vgl. das Sprichwort aus der Bibel: "*Wer suchet, der findet.*")
Der nun auftauchende Mann, das 'Du' des Gedichts, wird zwar als späte Erfüllung, als das "*Wunderbare*" (4/4) empfunden, doch wird nun auch klar, weshalb der Frau die eigene Vergangenheit zum Problem wird: "*Was war, das bleibt (...)*" (5/1).
Wie stark diese vergangenen Jahre ihre Gegenwart prägen, ist durch die Rekurrenz dieses Satzes in der übernächsten Zeile (und damit im Zentrum der letzten Strophe) unterstrichen. Die Aussage "*Mir wird ein Schmerz mit Nadeln zugenäht*" (5/2) versinnbildlicht, dass für sie die Vergangenheit eine nicht zu heilende seelische Verletzung darstellt, die durch ihre späte Liebe zu dem angesprochenen Mann nicht beseitigt werden kann. Vielmehr macht ihr gerade die Erfüllung ihrer Sehnsucht das Maß ihrer psychischen Deformierung schmerzhaft deutlich: Sie 'weiß', was sie empfinden müsste ("*nun sollte ich mich freuen!*") (5/4), aber sie empfindet es nicht mehr.
"*Das Plädoyer einer Frau*" endet mit einer Frage. Es ist auch eine Frage an den Leser. Pathetisch gesprochen: Wer fällt nach diesem Plädoyer ein Urteil? Oder ist es ein Plädoyer a posteriori, weil das 'Urteil', folgt man dem Text, ja schon längst gefällt zu sein scheint?
Im Gedicht werden die traditionellen sozialen Muster in ihrer Begrenztheit und Einseitigkeit nicht in Frage gestellt. So dient es der Festschreibung und Anerkennung herrschender Vorstellungen und Zustände.

Im Folgenden soll versucht werden, die Gemeinsamkeiten und Unterschiede dieser beiden zusammenhängenden Gedichte etwas näher zu beschreiben und die in ihnen zum Ausdruck kommende Rollenverteilung zu erläutern.
In beiden Gedichten wird der Status quo der Geschlechterrollen geschildert. Für die Frau ist es ein Problem, bereits Erfahrungen auf sexuellem Gebiet zu haben. Dies wird zwar im "*Plädoyer*" anfangs als spezifisches Problem eines Individuums dargestellt, aber bereits in den Strophen drei und vier wird es verallgemeinert. Dass es für die Frau problematisch ist, mit einer 'bewegten Vergangenheit' fertig zu werden, wird zwar expressis verbis nicht mit einer daraus folgenden Missbilligung durch die Gesellschaft in Zusammenhang gebracht. Aber die defensive, schuldbewusste Haltung der Frau:

Du darfst mir das, was war, nicht übernehmen. (1/1)
Sieh mich dabei nicht an! Ich will mich schämen (1/3)
Ich will nicht sagen, daß ich mir verzeihe. (2/1)
(...) Man kann es nur bereuen. (5/3)

kann nicht isoliert von der Sexualmoral der Gesellschaft in der Weimarer Republik gesehen werden. Vielmehr legen die Verse den Schluss nahe, dass die Frau die gesellschaftlichen Werte, Vorstellungen und Normen ihrer Zeit verinnerlicht hat.

Für den Mann hingegen bestehen andere Probleme. Er ist seiner Erinnerung gerne eingedenk ("*Das Jahr war schön (...).*" (1/1). Die ihn kennzeichnende distanzierte Haltung ("*Ach, unsre Seelen sitzen wie auf Stühlen / und sehn der Liebe zu* " (7/3,4))[138] ist nicht Folge von schlechten Erfahrungen im Kontakt mit Frauen, sondern Ursache für die Schwierigkeiten in seiner Beziehung. Da aber die "*Kühle*" seiner Empfindungen auch als Charakteristikum für "*andre*" (6/1) gebraucht wird, liegt hier ebenfalls der Schluss nahe, dass sie Ausdruck geschlechts- bzw. rollenspezifischen Verhaltens ist. Im Unterschied zur Frau bricht für ihn der ja immer latent vorhandene Konflikt erst durch die Konfrontation mit der unbequemen Frau auf. Erst ihr stetiges Nachfragen setzt seine Fähigkeit zur Verdrängung und Sublimation von Problemen außer Kraft. So werden beide, Mann und Frau, als befangen in ihren jeweiligen Geschlechterrollen sichtbar, unfähig, jemals in echte Kommunikation miteinander treten zu können.

Es darf aber nicht vergessen werden, dass es sich bei "*Plädoyer einer Frau*" um ein Rollengedicht handelt, in dem ein männlicher Autor vorgibt, als Frau zu sprechen. Ob diese Aussagen, die Kästner hier dem lyrischen Ich in den Mund legt, nicht auch Projektionen und Wunschdenken enthalten, soll deshalb beim Vergleich dieses Gedichts mit dem einer Schriftstellerin (Mascha Kaléko, siehe Punkt 2.6.) herausgearbeitet werden.

Erinnert sei an dieser Stelle nur nochmals an Kästners Anliegen, mit seinen Gedichten eine 'Lebenshilfe' zu bieten.

Es wird hier bezweifelt, dass Gedichte wie "*Plädoyer einer Frau*" trösten können. Wir erfahren durch sie doch nur, dass andere nicht glücklicher sind als wir selbst. Seelisches Leid aber kann nicht alleine dadurch behoben werden,

---

[138] Vgl. hierzu die korrespondierende Stelle: "Man sieht vom Fenster aus die Jagd der Jahre" aus "Plädoyer einer Frau".

dass man es relativiert, indem man darauf verweist, dass eine große Anzahl von Menschen seelische Probleme haben.
Die 'Abhilfe', von der Kästner spricht, kann nur geschaffen werden, wenn die Ursachen der "*seelischen Verstimmungen*" deutlich gemacht werden.
Es ist den in rollenabhängigem Figurenbewusstsein verharrenden Texten nicht vorzuwerfen, dass sie keine Lösungen anbieten, wohl aber das Fehlen einer komplexen Problemdarstellung. Führt es doch dazu, dass die Verse, statt Reflexion beim Leser in Gang zu setzen, bloß ein Gefühl der Ausweglosigkeit vermitteln.

2.4.6 ‚Bettgeflüster' – Vom männlichen Zwang zum Sieg

Erich Kästner
Nachtgesang des Kammervirtuosen

Du meine Neunte* letzte Sinfonie!
Wenn du das Hemd an hast mit rosa Streifen ...
Komm wie in Cello zwischen meine Knie,
und laß mich zart in deine Seiten greifen!

Laß mich in deinen Partituren blättern.
(Sie sind voll Händel, Graun und Tremolo.)
Ich möchte dich in alle Winde schmettern,
du meiner Sehnsucht dreigestrichnes Oh!

Komm, laß uns durch Oktavengänge schreiten!
(Das Furioso, bitte, noch einmal!)
Darf ich dich mit der linken Hand begleiten?
Doch bei Crescendo etwas mehr Pedal!

Oh deine Klangfigur! Oh die Akkorde!
Und der Synkopen rhythmischer Kontrast!
Nun senkst du deine Lider ohne Worte ...
Sag einen Ton, falls du noch Töne hast!

*Anmerkung:
In besonders vornehmer Gesellschaft ersetze man das Wort "*Hemd*" durch das Wort "*Kleid*". [139]

Das Gedicht *"Nachtgesang des Kammervirtuosen"* [140], das zur Entlassung Kästners bei der 'Plauener Volkszeitung' führte, weil es, erschienen 1927, dem hundertsten Todesjahr Beethovens, als Provokation, als Angriff auf bürgerliche Heiligtümer verstanden wurde,[141] soll nun untersucht werden. Stilistisch ist es grob zu kennzeichnen durch den durchgängigen Gebrauch von Ironie. Schon die erste Zeile *"Du meine Neunte letzte Sinfonie!"* lässt dies er-

---

[139] Kästner, Schriften, Bd. 1, S. 77.

[140] Bei Erscheinen dieses Gedichts in der Plauener Volkszeitung, 1927, war sein Titel " Abendlied des Kammervirtuosen"; erst im Gedichtband "Herz auf Taille" wird daraus "Nachtgesang des Kammervirtuosen" und die erste Zeile "Du meine Neunte Sinfonie" wird erweitert zu "Du meine Neunte letzte Sinfonie". Vgl. Kästner: "Mein liebes gutes Muttchen, Du! , S. 120.

[141] Vgl. hierzu Kiesel, Erich Kästner. Autorenbücher, S. 48f.

kennen und zugleich wird hier schon die 'Rollenverteilung' deutlich: Das lyrische Ich wird als 'Meister' sichtbar, der sein 'Werk' [142] hymnisch besingt.
Dieses 'Kunstwerk', das 'Du' des Gedichts (1/2) wird so zum bloßen Objekt verdinglicht: "*Komm wie ein Cello zwischen meine Knie*". Als Werkzeug des Virtuosen ist es auch von Wichtigkeit; deshalb auch die wiederholten Aufforderungen und Bitten: "*Laß mich in deinen Partituren blättern*" (2/1), "*darf ich dich mit der linken Hand begleiten?*" (3/3).[143] Steigt die Geliebte in der dritten Strophe immerhin zur 'Mitarbeiterin' auf dem 'Klavier der Liebe' auf, so bleibt doch 'er' es, der die Spielanweisungen gibt (vgl. 3/2, 3/4.)
Von Strophe zu Strophe ist eine Steigerung festzustellen: Das "*und laß mich zart (...)*" der letzten Zeile der ersten Strophe wird wieder aufgenommen in der ersten Zeile der zweiten Strophe ("*Laß mich (...)*") und appellativer in der dritten Strophe wiederholt: "*Komm, laß uns (...)*". Dieser Spannungssteigerung folgt in der letzten Strophe des Gedichts die Ernüchterung[144]: Der schmeichlerische Ton ist dem Befehlston gewichten, verbunden mit einem prahlerischen Gestus: "*Sag einen Ton, falls du noch Töne hast!*" [145]

Die Anzüglichkeiten und Doppeldeutigkeiten dieses Gedichts entstehen durch den Umstand, dass Kästner Fachtermini aus dem Bereich der Musik zur Beschreibung des Liebesaktes benutzt.
Aus 'Saiten', in die der Musiker greift, werden die gleich klingenden "*Seiten*" (1/4). Der Körper der Frau wird zur "*Partitur*" (2/1), zur "*Klangfigur*" (4/1), deren "*Akkorde*" (4/1) begeistern. Der Geschlechtsakt wird "*Oktavengängen*" (3/1) gleichgesetzt, dessen Qualität mit Begriffen wie "*Furioso*", "*Crescendo*" und "*Synkopen*" (3/2, 3 /4), 4/2) umschrieben.
So kann man bei diesem Gedicht im doppelten Sinn von 'Gebrauchslyrik' sprechen:

---

[142] Es ist nicht sein erstes, sondern sein letztes Werk, womit sowohl die Routine als auch die Meisterschaft (Gleichsetzung mit Beethoven) belegt werden soll.
[143] Vgl. die umgangssprachliche Formulierung 'das mach' ich mit der linken Hand'.
[144] Dieses Vorgehen kennzeichnet auch die Gedichte "Konferenz am Bett" und "Präludium auf Zimmer 28".
[145] Auch hier wird wieder die Anlehnung an die umgangssprachliche Formulierung 'hat man Töne' erkennbar.

1. Das lyrische Ich 'gebraucht'' das 'Du' des Gedichts dazu, ihm seine Meisterschaft auf sexuellem Gebiet zu bestätigen. Dies lässt sich gerade durch die letzte, bereits oben erwähnte Zeile des Gedichts verdeutlichen.
2. Der Lyriker gebraucht diese Form von Lyrik, um sein männliches Publikum zu amüsieren und zum Grinsen zu bringen. Nur scheinbar wird die Frau gerühmt, denn genau betrachtet ist es eine Hymne an das 'Kunstwerk', das eben nur der Meister zur wahren Schönheit bringen kann. Die traditionelle Rollenzuweisung in diesem Gedicht, der Mann ist der 'Macher', die Frau sein Objekt, dient so nur der Bestätigung herrschender Normen, denn an männlichem Renommiergehabe übt dieses Gedicht keine Kritik.

Erich Kästner
Präludium auf Zimmer 28

Du mußt nicht gleich bei jedem Dreck erschrecken!
Daß das der Ober ist, merk ich am Schritt.
Der geht vorbei, im Speisesaal zu decken.
Da brauchst du nicht gleich alles zu verstecken!
Ich kenn den Kerl. Schmitz heißt er. Oder Schmidt. -

Die Freundin vor dir ging mir bis zum Knie.
Da hatte ich, wenn ich den Mund aufmachte,
im Handumdrehn das ganze Mädchen drin.
Obwohl ich sonst nicht übelnehmisch bin –
das war was, was mich zur Verzweiflung brachte!

Als ich dich sah, da schickte ich sie fort.
Denn du bist groß! Du hast Figur mit Pausen!
Vom Kopf bis dahin ... Und von da bis dort ...
Dein Körper ist ein toller Ausflugsort!
Ich liebe dich von innen und von außen.

Wozu sind Brüste von verschiedner Größe?
Die rechte, siehst du, hält mehr auf Niveau.
Links gibt es Pudding. Sei nur nicht gleich böse!
Deswegen gibst du dir noch keine Blöße.
Das war bis jetzt bei allen Frauen so.

Die Hertha – doch zu kennst die Hertha nicht,
sie ist, Adresse unbekannt, verzogen –
die Hertha zeigte sich nie ohne Hemd, bei Licht,
und machte stets ein heimliches Gesicht.
Das ist verkehrt. Da fühlt man sich betrogen.

Nein, Frauen, die man lieb hat, muß man kennen.
Was man nicht sehen darf, hat keinen Zweck!

Daß du es weißt: Ich lasse immer brennen.
Die Dunkelheit benutz ich bloß zum Pennen ...
Der Spiegel steht ganz günstig über Eck.

Nur später werden wir ihn etwas drehen.
Liegst du bequem? Warum fixierst du mich?
Nur Mut, mein Schatz! Du wirst mich gleich verstehen.
Erst will ich mit dem Mund spazieren gehen.
Und dann ... Pardon! Wie heißt du eigentlich?

Anmerkung: Die Vorliebe für große Frauen ist weit verbreitet und keinesfalls unverständlich. [146]

Als zweites Beispiel purer männlicher Prahllyrik kann das gleichfalls in "*Herz auf Taille*" (1928) veröffentlichte Gedicht "*Präludium auf Zimmer 28*" herangezogen werden. Der 'gepflegte' Titel (Präludium statt Vorspiel)[147] lässt nicht den 'Schock' der ersten Strophe erwarten, denn das Gedicht beginnt in einem ziemlich ordinären Jargon ("*Dreck*"). Die durch den Titel nahe liegende Vermutung, dass es sich um die Schilderung einer erotischen Begebenheit handelt, wird jedoch bestätigt.
Darin besteht auch die Gemeinsamkeit dieses Gedichts mit dem "*Nachtgesang eines Kammervirtuosen*". Aber im Gegensatz zu diesem ist es weder mehrdeutig, noch hat es die hintergründige Vergleichsebene. Hier wird – absolut direkt – eine Situation beschrieben. Der Sprecher ist auch hier ein erfahrener Frauenkenner[148] ("*Die Freundin vor dir*", "*Das war bis jetzt bei allen Frauen so*", "*Die Hertha*" (2/1, 4/5), 5/1)), der weiß, wie man es macht ("*Nein, Frauen, die man lieb hat, muß man kennen.*") (6/1), während die Frau wieder zum bloßen Objekt degradiert wird ("*Dein Körper ist ein toller Ausflugsort!*"). So ist hier der 'Wert' der Partnerin allein durch äußere Vorzüge definiert. Besonders deutlich wird der 'Warencharakter' dieser Beziehung in der Formulierung: "*Als ich dich sah, da schickte ich sie fort. / Denn du bist groß! Du hast Figur mit Pausen!*" (3/1,2).[149] Die Interpunktionszeichen spielen in diesem Gedicht eine wichtige Rolle. So folgen der eben zitierten Formulierung die

[146] Kästner, Schriften, Bd. 1, S. 88f.
[147] Präludium: "Improvisiertes musikalisches Vorspiel", vgl., Der Große Duden, Bd. 5: Fremdwörterbuch, Mannheim 1966, S. 566. Auch hier wird ein Wort aus seinem normalen Bedeutungszusammenhang (Musik) herausgenommen. (Vgl. zu diesem Verfahren: "Nachtgesang des Kammervirtuosen", "Konferenz am Bett" usw.)
[148] Der Frauenkenner wird hier, wie D. Walter feststellt, weitaus unsympathischer dargestellt, als der "Kammervirtuose". Vgl. Walter, Zeitkritik und Idyllensehnsucht, S. 158.

Worte: "*Vom Kopf bis dahin ... Und von da bis dort ...*" (3/3) und in der Strophe sechs ist zu lesen: "*Die Dunkelheit benutz ich bloß zum Pennen...*" (6/4)[150] und am Ende des Gedichts: "*Erst will ich mit dem Mund spazieren gehen. / Und dann ...*" (7/4,5).

Die Pünktchen dienen dazu, Raum für Phantasie zu schaffen, geben dem Leser die Möglichkeit, sich die Situation genüsslich auszumalen. Auch hier, wie im "*Nachtgesang (...)*", erfolgt die Ernüchterung mittels der letzten Zeile des Gedichts: "*(...) Pardon! wie heißt du eigentlich?*". Damit gibt der Mann noch einmal überdeutlich zu erkennen, dass es ihm nur um den Körper der Frau geht und ihre Gefühle, Bedürfnisse, ja sogar ihr Name 'eigentlich' nicht wichtig sind[151].

Es soll nicht unerwähnt bleiben, dass die negative Zeichnung des männlichen Sprechers Identifikationsmöglichkeiten verhindert und auch den männlichen Leser in Distanz zu ihm belässt. In Distanz zu der abgebildeten Situation zu bleiben, macht die Schreibweise des Gedichts jedoch schwer, gibt es doch, wie bereits erwähnt, sehr wohl die Gelegenheit, sich den Körper der Frau vorzustellen, "*vom Kopf bis dahin ...*". Hier wird die Lust an der Darstellung schlüpfriger Sachverhalte besonders deutlich. Für den Leser wird diese Lust nur vermindert durch den Umstand, dass das genießerische Lesen dieser Passagen (eine intendierte Wirkung) ihn mit dem negativ gezeichneten Protagonisten auf die gleiche Stufe stellt. Hier kommt der 'Moralist' zur Geltung, der sein Publikum damit auf die Probe stellen will.

Das schlechte Gewissen, das er damit einigen seiner Leser zu verursachen gedenkt, kann ihm als Alibi dienen, das anregende Gefühl, dass er beim Schreiben solcher Gedichte empfunden haben mag, zu legitimieren: Dient es doch der 'Aufklärung' und damit einem guten Zweck.

---

[149] Hier handelt es sich um eine Wortschöpfung Kästners.

[150] Wenn in der nächsten Zeile vom 'günstig' plazierten Spiegel die Rede ist, so erinnert das an spießbürgerliche Vorstellungen von 'ausschweifender Erotik'.

Erich Kästner
Konferenz am Bett

Ich saß bei dir am Bett und fühlte jede
Bewegung des Plumeaus, als wärst es du.
Wir sprachen klug und deckten mit der Rede
das, was geschehen sollte, auf und zu.

Es war ein Zweikampf in gepflegter Prosa.
Du lagst im Bett. Ich saß und hielt mich stramm.
Es roch nach Puder. Und das Licht war rosa.
Und manches Wort wog zwanzig Kilogramm.

Du wolltest nicht, daß ich bloß bei dir säße ...
Du wolltest aber, wie ich bald erriet,
daß ich dich erst auf dein Kommando fräße!
Du lagst im Bett und machtest Appetit.

Und dabei wußtest du, daß ich das wüßte,
und wußte ich, du wüßtest längst: er weiß.
Und zeigtest du ein bißchen sehr viel Büste,
dann nickte ich und sagte: "Es ist heiß".

Wir waren ganz und gar nicht zu beneiden.
Wir schütteten die Stimmung durch ein Sieb.
Am Ende wußte keiner von uns beiden,
wer das, was beide wollten, hintertrieb.

Der Morgen dämmerte. Die Vögel sangen.
Bis sechs Uhr dreißig währte das Duett.
Und wie ging's weiter? Dann bin ich gegangen!
Sonst säß ich heute noch bei dir am Bett.

Anmerkung: Manche Menschen benützen ihre Intelligenz zum Vereinfachen, manche zum Komplizieren[152].

Das ebenfalls in dem Band: "*Ein Mann gibt Auskunft*" (1930) erschienene Gedicht "*Konferenz am Bett*" verdeutlicht die Tendenz von Kästners eroti-

[151] Dirk Walter sieht in diesem Monolog die ästhetische Entsprechung der in das alte Recht der Aktivität wieder eingesetzten Männlichkeit. Auch er sieht den Bezug zum "Nachtgesang des Kammervirtuosen", die Funktion der Frau als "stummes Objekt renommistischer Kommentare", (Walter, Zeitkritik und Idyllensehnsucht, S. 158). Aber im "Nachtgesang" gehe es vor allem um die Wortspielereien, die dazu dienen, die Sexualbetätigung exzessiv darzustellen, um Provokation (Verletzung des bürgerlichen 'davon spricht man nicht'). Er übersieht jedoch, dass die Art und Weise, wie davon gesprochen wird – und das gilt für beide Gedichte – diesen letztlich doch die mögliche kritische Spitze nimmt, so dass sich die Gedichte leicht konsumieren lassen.

[152] Kästner, Schriften, Bd. 1, S. 215f.

schen Gedichten. Schon der Titel verdient genauere Betrachtung: Das Wort „Konferenz", üblicherweise Bezeichnung für eine geschäftliche Zusammenkunft, bei der Sachfragen erörtert werden, erfährt hier seine Ergänzung durch die Ortsangabe "*am Bett*".

Die Verbindung dieser beiden konträren Bereiche (Öffentlichkeit versus Intimität) bzw. die Verlagerung eines formellen Ereignisses in die Intimsphäre macht vorab den 'Handelscharakter' dieser Aussprache deutlich. Zum Inhalt des Gedichts: Ein Mann und eine Frau wollen miteinander schlafen. Der sexuelle Akt findet jedoch nicht statt, weil sie, wie Kästner im Abschluss an das Gedicht kommentiert, "*ihre Intelligenz*" nicht "*zum Vereinfachen*", sondern "*zum Komplizieren*" benutzen. Was im Gedicht geschildert wird, ist ein Kampf, ein "*Zweikampf*" (2/1) auf einer höheren Ebene, nämlich in "*gepflegter Prosa.*" (2/1). Auch hier, wie schon im Titel, wird ein Wort aus seinem normalen Bedeutungszusammenhang (hier: Sport) herausgenommen und im übertragenen Sinne eingesetzt. Die Kampfsituation wird im weiteren verdeutlicht durch die Formulierungen: "*Ich (...) hielt mich stramm*" (2/2), "*(...) auf dein Kommando*" (3/3).

Hier wird Kommunikation als Waffe eingesetzt: "*Wir sprachen klug und deckten mit der Rede / das, was geschehen sollte, auf und zu*"(1/3,4). Dieser Satz macht aber auch deutlich, welche Funktion Sprache noch haben kann; sie könnte nicht nur Mittel zur Verschleierung, sondern auch zur Verständigung sein.

Ein weiteres Kennzeichen des Gedichts ist der häufige Gebrauch vager bzw. indirekter Aussagen: "Das, was geschehen sollte (... .)" (1/4), "Du wolltest nicht, daß ich bloß bei der säße ..." (3/1), "Am Ende wußte keiner (...), wer das, was beide wollten, hintertrieb" (5/3, 4). Unter scheinbarer Achtung der Tabuzone 'Sexualität' wird die prickelnde, erregende Atmosphäre dieses Gedichts erzeugt. In "gepflegter" Sprache wird eine erotische Situation so geschildert, dass sie, um in Kästnerscher Terminologie zu bleiben, "Appetit" macht (vgl.: "Du lagst im Bett und machtest Appetit" (3/4).

Erst die letzte Strophe beendet dies: Aus dem Zweikampf ist nun ein Zwiegesang (vgl. "*Duett*" (6/1) geworden, die Spannung ist gewichen. Der lyrische Anfang der Schlussstrophe ist ironisch zu verstehen. Rekurrierend auf tradi-

tionelle Formen der Liebeslyrik[153] dient hier, an das Ende des Gedichts gesetzt, die Beschreibung einer 'Idylle' ("*Der Morgen dämmerte. Die Vögel sangen*" (6/1)) der Desillusionierung.
In diesem Gedicht werden Mann und Frau als gleichwertig (in ihrer Unfähigkeit zueinander zu finden) beschrieben. Dieser Text ist anders zu bewerten als "E*in Mann gibt Auskunft*". Er ist in all seinen Zweideutigkeiten sehr eindeutig und er gibt dem Leser, der einmal verstanden hat, worum es geht, wenig Anlass zu einer weiteren Beschäftigung mit diesem Gedicht. Der Autor zeigt, zuletzt durch seinen Kommentar, wie das Gedicht zu verstehen sei. Ja, die Anmerkung reduziert die Gedichtsstrophen zur bloßen Illustrierung der Sentenz und deren Lehre, nicht so lange herumzureden, sondern 'es' zu tun. So bleibt bei "*Konferenz am Bett*" dem Rezipienten eigentlich nur die Möglichkeit der Identifikation oder die Ablehnung der im Text verkündeten Moral. Sicherlich ist aber das Gedicht eines, in dem stellvertretend für viele gesprochen wird. Die Erfahrung, die das lyrische Ich wiedergibt, ist eine, die als dem Leser bekannt vorausgesetzt werden kann. Wie bereits angemerkt, ermöglicht es die dichterische Umsetzung dieses Phänomens aber nicht, mehr Erkenntnisse zu gewinnen, als die, die der Autor schon in seinem Kommentar vorweg genommen hat. Die Gründe für den – um mit Tucholsky zu sprechen – "*Geschlechtertanz*" werden nicht transparent.

[153] Im mittelhochdeutschen 'Tagelied' ist die Morgendämmerung Zeichen der notwendigen Trennung aus der Angst vor der 'huote' und dem 'nide' der anderen. Hier ist sie jedoch Zeitpunkt der Trennung aus Erkenntnis der Angst der Liebenden vor sich selbst und der Überdrüssigkeit des Mannes an der Situation, die er genauso wenig wie die Frau zu ändern vermag.

Kurt Tucholsky
Mikrokosmos

Daß man nicht alle haben kann - !
Wie gerne möcht ich Ernestinen
Als Schemel ihrer Lüste dienen!
Und warum macht mir Magdalene,
wenn ich sie frage, eine Szene?
Von jener Lotte ganz zu schweigen –
ich tät mich ihr als Halbgott zeigen.
Doch bin ich schließlich 1 Stück Mann ...
Daß man nicht alle haben kann - !

Gewiß: das Spiel ist etwas alt.
Ich weiß, daß zwischen Spree und Elbe
das Dramolet ja stets dasselbe,
doch denk ich alle, alle Male:
entfern ich diesmal nur die Schale –
was wird sich deinen Blicken zeigen?
Was ist, wenn diese Lippen schweigen?
Nur diesmal greifts mich mit Gewalt ...
(Gewiß: das Spiel ist etwas alt).

Daß man nicht alle haben kann -!
Das läßt sich zeitlich auch nicht machen ...
Ich weiß, jetzt wirst du wieder lachen!
Ich komm doch stets nach den Exzessen
zu dir und kann dich nicht vergessen.
So gib mir denn nach langem Wandern
die Summe aller jener andern.
Sei du die Welt für einen Mann ...
weil er nicht alle haben kann. [154]

Das 1920 entstandene Gedicht "*Mikrokosmos*" setzt sehr provokativ mit dem 'Lamento' [155] "*daß man nicht alle haben kann*", ein. Der Witz der ersten Strophe besteht in der – kataphorisch erst in der auf die erste Zeile folgenden – Auflösung des "alle" des Anfangsverses. "*Nicht alle*" ließe sich zunächst eher als 'aber sehr viele' verstehen und stellt sich doch nun erst einmal als im Sinne von 'gar keine' zu begreifend heraus. Wer hier "*alle*" sind und was mit "*haben*" gemeint ist, wird nun eindeutig: "*Ernestine*", "*Magdalene*" und "*Lotte*", eine stattliche Anzahl von Frauen also, ist für den Sprecher Objekt seiner Begierde. Seinen erotischen Träumen und Sehnsüchten steht jedoch die ei-

[154] Tucholsky, Werke Bd. 2, S. 340f.
[155] So lautet auch der Titel eines anderen Gedichts von Kurt Tucholsky. Tucholsky, Werke, Bd. 9, S. 102f.

gene Unzulänglichkeit entgegen. Was für ein Wesen mit übernatürlichen Kräften ("*Halbgott*") machbar wäre, übersteigt die Möglichkeiten von einem "*Stück Mann*"...[156]

Mit dieser Formulierung des 'Möchtegern-Liebhabers' klingt, nachdem er zunächst konstatiert, nur an dem Unverständnis und der Uneinsichtigkeit der Frauen zu scheitern, nun am Schluss der ersten Strophe bescheidene Selbstkritik an. Was auf den ersten Blick bescheiden klingt, bedeutet auf den zweiten jedoch auch das Gegenteil: Für einen Liebhaber wäre es ja schon rein "*zeitlich*" nicht zu schaffen, heißt es nun in der dritten Strophe.

In der zweiten Strophe gibt sich der Mann als Kenner auf diesem Gebiet. Nicht ohne Selbstironie – diese Haltung kennzeichnet das ganze Gedicht – beschreibt er seine Sucht nach Abenteuern. "*alle, alle Male*" packt es den doch so erfolglosen Liebhaber "*mit Gewalt*", produziert bei ihm eine Art Wiederholungszwang. Diesem ist also nicht zu entgehen, auch wenn man weiß, dass "*das Dramolet ja stets dasselbe*" (2/3) ist. Da hilft auch nicht die Flucht in den verharmlosenden Diminutiv, der Sprecher kann der Rolle des ewigen 'Frauenhelden' nicht entkommen.

Anders als bei den Gedichten Kästners zu diesem Thema kann hier nicht eigentlich von einem renommistischen Ton gesprochen werden. Hier ist der Mann nicht der große 'Macher', sondern einer, den es "*mit Gewalt*" zur Sexualität treibt. Wohl wird auch hier der Frau die traditionelle Rolle der verständnisvollen Gefährtin zugesprochen. Aber die Antwort der Frau auf die Bitte des Mannes bleibt im Gedicht aus. Die Bitte wird zum Appell am Schluss des Textes. Gleichzeitig ist sie eine ziemlich ernüchternde Liebeserklärung, wobei der erste Teil "*Sei du die Welt für einen Mann ...*" (3/8) konventionelle Redewendungen wie 'Du bist die Welt für mich' ironisiert. Traditionellerweise hat der Mann für die Frau die 'Welt' zu sein und in Operetten ist es die Frau, die 'sei du die Welt für mich' singt.

Hier deckt das lyrische Ich 'stellvertretend' die sexuellen Wunschträume vieler Geschlechtsgenossen auf, spricht aus, was viele andere insgeheim wünschen. Aber dieser Wunsch, nämlich das Verlangen mit möglichst vielen Frauen sexuellen Kontakt zu haben, wird hier so abgehandelt, dass zwar ei-

[156] Hier ist auch der Bezug zu "alle" (in der ersten Zeile) hergestellt. So austauschbar wie

nerseits dem männlichen Publikum eine Identifikationsmöglichkeit angeboten wird, andererseits aber die Fragwürdigkeit solcher Begierden deutlich zu Tage tritt. Hier ist das lyrische Ich über seine eigene Triebstruktur nicht gerade glücklich, sie ist ihm zweifelhaft geworden.

Die Art, in der dies geschildert wird, ist amüsant – aber auch nur das. Sie lässt deshalb dem Rezipienten kaum Raum für bloßes Delektieren, in welchem eine ungebrochen positive Identifikation mit der hier vertretenen rollenspezifischen Sicht möglich wäre.

Dazu erscheint das ganze Lied, wie bereits oben erwähnt, viel zu stark durchsetzt mit Selbstironie und vor allem auch durch die "*Überpointe*"[157] am Schluss der letzten Strophe viel zu offen in seiner Unernsthaftigkeit. Der Text wirkt also trotz des 'schlüpfrigen' Themas nicht stimulierend; ganz im Gegensatz zu Gedichten Kästners, wie "*Präludium auf Zimmer 28*" und andere, in denen zwar auch der Autor stellvertretend die Sehnsüchte anderer ausspricht, aber in einer Weise, die die Gedichte konsumierbar macht,[158] weil sie keine Fragen beim Leser produzieren, sondern – in sich geschlossen – nur Abbildung einer mehr oder weniger 'delikaten' Situation sind.

der Mann die Frauen sieht, fühlt er sich auch von ihnen eingeschätzt.

[157] Vgl. zu diesem Begriff Kästners "Begegnung mit Tucholsky". Kästner, Schriften, Bd. 8, S. 197.

[158] Wenn Kästner in seiner "Prosaischen Zwischenbemerkung" (1929) von Lyrikern spricht, die "wie natürliche Menschen empfinden", ist das, wie schon an anderer Stelle angemerkt, problematisch. Auf oben erwähnte Liebesgedichte bezogen, kann man behaupten, dass gerade die unnatürliche (weil verklemmte) Einstellung zur Sexualität für die Menschen dieser Zeit kennzeichnend war und Kästner in dieser Hinsicht sicherlich jemand war, der wie diese empfand. Er war, und hier kann Werner Schneyders Wertung übernommen werden, zwar intellektuell aufgeklärt, aber gefühlsmäßig immer noch ein Kleinbürger: "Beim Aufklärer Kästner hatte eine bestimmte Aufklärung nicht, bzw. in der Gegenrichtung stattgefunden". Schneyder, Kästner, S. 106.

2.4.7 ‚Glücksahnung' – Der schmale Grat der Nähe

Kurt Tucholsky
Sie schläft

Morgens, vom letzten Schlaf ein Stück,
nimm mich ein bißchen mit –
auf deinem Traumboot zu gleiten ist Glück –
Die Zeituhr geht ihren harten Schritt ...
pick-pack

"Sie schläft mit ihm" ist ein gutes Wort.
Im Schlaf fließt das Dunkle zusammen.
Zwei sind keins. Es knistern die kleinen Flammen,
aber dein Atem fächelt sie fort.
Ich bin aus der Welt. Ich will nie wieder in sie zurück –
jetzt, wo du nicht bist, bist du ganz mein.
Morgens, im letzten Schlummer ein Stück,
kann ich dein Gefährte sein. [159]

Tucholskys Gedicht "*Sie schläft*" ist mit Bedacht an das Ende des Interpretationsteils der Arbeit gestellt, ihm kann auch keines von Kästner gegenüber gestellt werden, da es keine vergleichbaren Verse bei Kästner gibt. Es handelt sich meines Erachtens um das schönste Liebesgedicht Tucholskys.
Außerordentlich sensibel wird in ihm die Atmosphäre von Nähe eingefangen. Es ist ein leises und wehmütiges Gedicht, in dem der Sprecher seine Reflexionen und Gefühle beim Betrachten der schlafenden Geliebten preisgibt.
Es beginnt mit einer Bitte, die ungewöhnlich scheint: Dem Wunsch, teilzuhaben an den Träumen der geliebten Frau, denn dies ist "*Glück*" (1/3). Das hier gewählte Bild "*Traumboot*" (1/3) verdeutlicht seine Sehnsucht, mit ihrer Hilfe an ferne, fremde Ufer zu gelangen und ist zugleich Sinnbild für das durch Liebe produzierte 'in Fluss geraten' der Dinge.
Daran, mit Gedankenstrich angeschlossen, und damit auch davon abgesetzt, wird die Zeit als eine diese Harmonie störende Kraft charakterisiert. In Opposition zu dem friedlichen Bild des Gleitens (vgl. 1/3) wird hier der "*harte Schritt*" (1/4) zum Ausdruck des Lebenskampfes, für dessen Ausmalung dem Leser durch die Pünktchen (1/4) Raum gegeben ist.

[159] Tucholsky, Werke, Bd. 6. S. 247.

In der nächsten Zeile bekommt durch Auswechslung des Anfangskonsonanten das vertraut und harmlos wirkende 'tick-tack' der Uhr einen entlarvenden Klang: "*Pick-pack*" (1/5). "*Pick*" erinnert an 'picken' als Ausdruck für 'stechen', 'hauen' [160], "*pack*" an 'packen', 'ergreifen', 'fassen'. Der gewählte Imperativ "*pack*" ist hier ja im Sinne einer Aufforderung (pack zu) zu begreifen – verdeutlicht, wie gewaltsam diese Aufhebung der Harmonie ("*gleiten*" 1/3) empfunden wird. Die im Anschluss an diese Formulierung gesetzten Pünktchen am Ende der ersten Strophe dienen der Beschreibung der Unerbittlichkeit dieser Rhythmik, der wir alle ständig unterworfen sind.

In den Eingangszeilen der zweiten Strophe wird das Schlafmotiv des Gedichtanfangs in modifizierter Form wieder aufgegriffen. Tucholsky bedient sich nun des umgangssprachlichen Ausdrucks für 'Geschlechtsverkehr', hält ihn aber als doppeldeutigen offen. Er gibt der Formulierung, indem er sie wieder wortwörtlich versteht, diejenige Dimension (des eigentlichen Schlafens) zurück, welche ihr in ihrer metaphorischen Bedeutung (als sexueller Akt) verloren ging.

So wird sie für ihn auch Ausdruck seiner Sehnsucht, wie in der ersten Strophe deutlich wurde, denn "*Im Schlaf fließt das Dunkle zusammen*" (2/2). Die daran anschließende Zeile bringt jedoch wieder die sexuelle Komponente zum Ausdruck: "*Zwei sind keins (...)*" – das ist Anspielung auf bzw. Metapher für den sexuellen Akt. Zwar wird hier das Moment der Vereinigung (zwei sind – dann – eins) als Moment der vollständigen Auflösung begriffen, dem aber positive Bedeutung beigemessen wird. Lässt doch die daran knüpfende Formulierung: *"(...) Es knistern die kleinen Flammen*" erkennen, wie angenehm und erotisierend für den Sprecher des Gedichts gerade dieser Zustand ist. Aber noch ein weiteres wird in diesen Zeilen deutlich: Das lyrische Ich ist hier Betrachter und Betroffener zugleich. Einerseits lässt die geschilderte Situation ihm Raum, seine Sehnsüchte und Wünsche reflektieren zu können, andererseits ruft sie in ihm auch unmittelbare Begierden hervor. Dieser Wechsel erzeugt die Spannung des Gedichts.

Das 'Du' des Gedichts, die schlafende Geliebte, ist an einem Ort, an dem sie durch seine Erwartungen und Wünsche nicht bedrängt werden kann. Ihr Schlaf hat vielmehr die Kraft, seine Begierden zu eliminieren *(" (...) dein Atem*

---

[160] "bicken" mittelhochdeutsch. für: "stechen", "picken". Vgl. Matthias Lexer: Mittelhoch-

fächelt sie fort" (2/4) und in ihm eine weitaus tiefere Sehnsucht zu wecken, nämlich die, "*aus der Welt*" (2/5) zu sein und zu bleiben, durch die Hektik und die Anforderungen des Alltags nicht mehr abgelenkt zu werden vom Wesentlichen.
Die Nachdrücklichkeit und Bedeutung dieses Wunsches wird formal durch die Zeichensetzung, den Gedankenstrich nach dieser Feststellung, betont. Die daran anschließende umgangssprachliche Formulierung "*jetzt, wo du nicht bist, bist du ganz mein*" (2/6) wirkt an dieser Stelle des Gedichts nicht mehr paradox oder überraschend. Sie ist hier vielmehr Erläuterung zu der Aussage "*zwei sind keins*" (2/3), denn diese Auflösung ist, das wird an dieser Stelle endgültig klar, Voraussetzung für die Möglichkeit von Nähe.
Die Beschränkung dieser Möglichkeit auf eine so kurze Frist: "*(...) im letzten Schlummer ein Stück*", (2/7) wird, durch die exponierte Platzierung des "*kann ich*" am Anfang der letzten Gedichtzeile, als eine in der Subjektivität des Sprechers liegende herausgestellt.
So ist es auch in der Liebeslyrik der Weimarer Republik noch möglich, 'Liebe' positiv, als vorhandene darzustellen, wenngleich auch nur mehr als ein Glücksgefühl flüchtiger Augenblicke.

---

deutsches Taschenwörterbuch. 34. Auflage, Stuttgart 1974. S. 21.

2.5 Zum Bild des Mannes und zum Bild der Frau in den Schriften Erich Kästners und Kurt Tucholskys

Die Einzelinterpretationen exemplarischer Liebesgedichte gaben bereits wichtige Hinweise darauf, wie das Verhältnis zwischen Mann und Frau gesehen wird, und dass hierbei zwischen Kästner und Tucholsky Unterschiede festzustellen sind.

Im folgenden Abschnitt soll versucht werden, auf der einen Seite das Bild des Mannes und der Frau und auf der anderen Seite die Rollenerwartungen und Rollenzuweisungen noch mehr zu konkretisieren und aus diesen Erkenntnissen ein Resümee zu ziehen.

Zu diesem Zwecke ist es sinnvoll, auch andere Aussagen der beiden Autoren (in Artikeln, in Gedichten zum Thema 'Liebe/Erotik/Ehe/Familie' und in veröffentlichten Briefbänden) näher zu untersuchen.

Tucholskys Aussagen zu dieser Thematik kann man in zwei Kategorien einteilen. Es ist dies zum einen die immer wiederkehrende Auseinandersetzung mit den institutionalisierten Formen des Umgangs zwischen Mann und Frau und zum anderen der Versuch, dem Charakter der Liebe 'an sich' auf die Spur zu kommen, den Grund für die Schwierigkeiten in diesem Bereich zu erkennen.

Wiederholt setzt sich Tucholsky mit Phänomenen und Institutionen der Weimarer Republik auseinander. Dabei geht es ihm darum, den Stellenwert von Sexualität und Partnerschaft in der Gesellschaft seiner Zeit näher zu bestimmen. Er sieht, was das Thema 'Sexualität/Sittlichkeit' anbelangt, die Weimarer Republik in zwei Lager gespalten. Die einen stufen den Sexualakt als 'Delikt' ein, während für die anderen Sexualität schon fast zur Religion geworden ist. Beide Positionen machen für ihn eines deutlich: Die "*Überschätzung der Sexualität*"[161]. Eine Gesellschaft, in punkto Sittlichkeit in starren Fronten verharrend, erzeugt ein Klima, das beklemmend wird. Die Auswirkungen dieses Klimas beschreibt Tucholsky in einem Artikel über erotische Filme:

> "Die Männer standen herum und genierten sich voreinander (...) ich habe mir so gedacht, wie doch die Worte 'Laster' und 'Unzucht'

[161] "Laster und Liebe", Tucholsky, Werke, Bd. 1, S. 137.

> hohle Bezeichnungen für Dinge sind, die jeder für sich abzumachen hat."[162]

Da es jedoch die Gesellschaft war (und ist), die definiert, was 'Laster' und was 'Tugend', was moralisch und was unzüchtig ist, bestimmt sie auch, was erlaubt ist und was nicht. So wird die Ehe für den Erwachsenen zum einzigen legalen Mittel, dem Bedürfnis nach Zärtlichkeit und Sexualität Rechnung tragen zu können.[163] Ehe und Familie, Grundpfeiler der bürgerlichen Gesellschaft, sind Tucholsky fragwürdig geworden: "*Was ist der Nagel einer jeden Ehe? Zu langes Beisammensein und zu große Nähe*" [164] merkt Tucholsky an, aber er versteht auch, weshalb Menschen trotzdem heiraten.

> "Menschen sind einsam, suchen den andern. Prallen zurück, wollen weiter wandern (...). Bleiben schließlich (...). Diese Resignation: Das ist die Ehe", [165]

die in der damaligen Gesellschaft – auch für ihn – trotzdem noch Garantie dafür zu sein schien, sich eine noch schmerzlichere Erfahrung zu ersparen:

> "Das ist schwer: ein Leben zu zwein. Nur eins ist noch schwerer: einsam sein." [166]

Die Auseinandersetzung mit dieser Problematik geschieht mitunter in einem sehr ernsthaften Ton, manchmal bleibt es auch bei einem so lapidarem Statement wie:

> "In der Ehe pflegt gewöhnlich einer der Dumme zu sein. Nur wenn zwei Dumme heiraten – das kann mitunter gut gehen." [167]

Neben dieser Auseinandersetzung mit von der Gesellschaft vorgegebenen Institutionen und den durch sie produzierten Phänomenen versucht Tuchols-

---

[162] "Erotische Filme", Tucholsky, Werke, Bd. 1, S. 111f.

[163] Der Text: "Die legitime Geliebte" macht deutlich, wie sehr Tucholsky hoffte, dass freiere Formen des Zusammenlebens von Mann und Frau möglich würden. "Trotz aller Widerstände sehen die Leute auf der ganzen Welt allmählich ein, daß man die Ehe (...) zwar nicht aufheben kann und soll; daß aber diese juristische Form des Zusammenlebens nicht mehr genügt. Zwischen dem Eintagsverhältnis und der fest fundierten, viel zu schwer löslichen Ehe fehlt etwas". Tucholsky, Werke, Bd. 6, S. 352f.

[164] "Ehekrach", Tucholsky, Werke, Bd. 6, S. 48f.

[165] "Ehekrach", Tucholsky, Werke, Bd. 6, S. 48f.

[166] "Ehekrach", Tucholsky, Werke, Bd. 6, S. 49.

[167] "Schnipsel", Tucholsky, Werke, Bd. 10, S. 108.

ky, wie bereits erwähnt, noch ein Zweites. Es lässt sich als das dringliche Anliegen beschreiben, die Schwierigkeiten im Bereich 'Liebe/Sexualität' zu ergründen. Hierbei wird in den Texten die Psyche des Mannes unter die Lupe genommen, und zwar auf eine Art, die den Eindruck entstehen lässt, Sexualität sei eine Art Naturgewalt, der jeder Mann unabänderbar unterworfen ist:

> "(...) ist er denn nicht das ganze Jahr in Brunst? Doch seine Triebe kennen keinen Grenze – dies Uhrwerk hat der liebe Gott verhunzt."[168]

Der Mann begegnet uns so als ein getriebenes, seiner Natur ausgeliefertes Wesen. Es scheint unmöglich, dem Drängen der Sexualität zu widerstehen:

> "Man kann doch nicht dauernd neben einer Quelle liegen, ohne zum mindesten einmal spielerisch die Hand ins Wasser zu stecken (...) einmal, einmal muß man hinter jeden geschlossenen Vorhang sehen (...), nur ein einziges Mal den Vorhang jenes Kleides heben." [169]

Die Art, in der er dieses spezifisch männliche Phänomen thematisiert, lässt immer die eigene Betroffenheit erkennen, entbehrt aber nie einer gewissen Ironie.[170]

Confessio

Wir Männer aus Berlin und Neukölln,
wir wissen leider nicht, was wir wölln.
(...)
Mal konzentrieren wir uns auf die eine,
spielen mit ihr: die eine oder keine,
legen uns fest, ohne Bedenken,
(...)

Da lockten die andern. Ihrer sind viele.
(...)
Immer an eine Frau gebunden?
So sollen uns alle Lebensstunden
verrinnen? Ohne boshafte Feste?
Liegt uns nicht draußen das Allerbeste?
Mädchen? Freiheit? Frauen nach Wahl -?

(...)

---

168 "Der Lenz ist da", Tucholsky, Werke, Bd. 1, S. 192f.
169 "Chef-Erotik", Tucholsky, Werke, Bd. 5, S. 213f.
170 Vgl. hierzu das bereits interpretierte Gedicht "Mikrokosmos", S. 83ff.

Mal trudeln wir durch bläuliche Stunden,
tun scheinbar an fröhlichem Wechsel gesunden;
(...)
Und sind überhaupt sehr polygam.

(...)
Plötzlich werden wir recht bedenklich.
Sehnen uns beinah fiebrig zurück
nach Einsamkeit und Familienglück.
(...)

Wir Männer aus Berlin und Neukölln,
wir wissen leider nicht, was wir wölln.
Wir piesacken uns und unsre Fraun;
uns sollten sie mal den Hintern aushaun.
(...) [171]

Am deutlichsten wird diese Ironie in dem oben zitierten Gedicht "*Confessio*"[172], das die Widersprüchlichkeit männlicher Wünsche und männlichen Verhaltens zum Thema hat.
Es ist schwierig mit der Liebe. Es ist schwierig aufgrund der eigenen Psyche und der gesellschaftlichen Bedingungen, wie aus Feuilletons und Gedichten, aus Essays und Briefen deutlich wird. Nicht immer gelingt der spöttische Ton. Ein Gedicht wie "*Es ist*" verrät zu deutlich Verletzbarkeit und Leid, resultierend aus den Einsamkeitserfahrungen des Individuums in der Massengesellschaft.

---

[171] "*Confessio*", Tucholsky, Werke, Bd. 5, S. 160f.

[172] Es sind wahrscheinlich Gedichte dieser Art, die in der Sekundärliteratur zu Stellungnahmen wie dieser führen: "Ich bin lasterhaft, allen Versuchen zugänglich, schlafe, so oft es geht, immer wieder mit anderen Frauen und Mädchen (...): So ruft Tucholsky seinem Publikum aus Hunderten von Skizzen, Feuilletons und Essays zu und freut sich dabei insgeheim, dass es ihm wieder einmal gelungen ist, die anderen irre zu führen (...) – in der stillen Hoffnung, es möchten einige übrig bleiben, die erkennen, dass solche lärmenden Übertreibungen nicht wahr sein können." Klaus Peter Schulz: Kurt Tucholsky in Selbstzeugnissen und Bilddokumenten. Reinbek/Hamburg 1959, S. 146. Diese Einschätzung trifft aber nicht das Wesentliche. Tucholskys Bekenntnisse dienen primär der Irritation, sollen provozieren. Ob wahr oder unwahr, die außerliterarische Realisierung ist dabei von untergeordnetem Interesse. Wird die autobiographische Faktizität in den Vordergrund gerückt, kann durch diese Umgewichtung die in den Texten angelegte provokative Haltung nicht mehr genügend wahrgenommen werden. Damit aber wird der wesentlichste Aspekt dieses Schaffens eliminiert, nämlich der, der dazu beiträgt, Erkenntnisprozesse in Gang zu bringen.

Es ist

Es ist so viel unverbrauchte Zärtlichkeit in Hotelzimmern,
wo sie allein liegen:
ein Mann, oder eine Frau, oder ein angebrochenes junges Mädchen –
in leiser Lächerlichkeit liegen wir allein.

Es ist eine Einsamkeit, umflossen
von den Strömen des städtischen Gases,
des elektrischen Stromes, für alle gemacht,
einer Zentralheizung, eines Zentralessens, einer Zentralzeitung ...
aber ein kleiner Fleck ist noch da,
auf dem sind wir allein.

Jeder liegt in seiner Schublade.
Die kleinen Härchen auf den Oberarmen schwanken suchend im
Luftzug,
wie die Greifer der Meerespflanzen in strömendem Wasser;
die Haut langweilt sich.

Wenn jetzt einer käme und sagte: "Bitte sehr! ich liege Ihnen
zur Verfügung!"
wenn ich jetzt durch die Wand ginge zu meiner Nachbarin –
("Man ist doch keine Hure! ich werfe mein Leben nicht in Hotels
weg!" – Kusch.)
- wenn jetzt eine dicke Dame käme, mich im Bad zu massieren;
wenn sich jetzt der Jungen ein verständiger Mann gesellte, der
sie nur streichelte ...
ungenützt ist die Nacht.

Dreiviertelеins.
Es kocht in den Röhren des Badezimmers;
badet jemand noch so spät?

Neugierig sind wir auf fremde Körper.
Wie legen Sie abends das Hemd auf den Stuhl? Lieben Sie
Fruchtsalz?
Ziehen Sie Ihre Uhr morgens oder abends auf?
Und in der Liebe?
Sind Sie gesund? Verzeihen Sie, ich habe solche Furcht vor
Krankheiten –
das ist ein Teil meiner Tugend.

I'm in love again –
nein, das eigentlich nicht:
es sollte nur jemand da sein, an dem ich mich spüren kann.
Warum, 318 (mit Bad) liegen Sie so allein?
Denkbar wäre auch eine Hotelgeisha, die höflich liebt,
und die auf der Rechnung nur als kleiner, diskreter Kreis
vermerkt ist –
aber schöner wäre ein Gast.

Warum kommt nie ein Einsamer zu einer Einsamen?
Stolz kriechen wir in unser zuständiges Gehäus,
hygienisch, unnahbar, vernünftig,
allein.

Knips das Licht an, sagt der Schlaflose zu sich selbst
(er duzt sich, weil er sich schon so lange kennt) –
und lies noch ein bißchen.
Du hast zu viel Pfirsich-Melba gegessen, daher solche Gedanken,
Luftblasen auf dem Meer der innern Sekretion.
Du bist überhaupt gar nicht allein. Du hast eine Zeitung. Lies:

8. Fortsetzung Nachdruck verboten
Schließlich raffte sie ein Spiel Karten auf, kauerte sich ne-
ben den Kamin und begann, eifrig und hingegeben zu mischen.
"Ich kam in der Absicht", begann er mit einer nicht ganz
festen Stimme, "noch heute um Ihre Hand anzuhalten."
Das schöne Mädchen[173]

Die "*unverbrauchte Zärtlichkeit*" und die Neugierde "*auf fremde* Körper" werden als neben dem Zustand der Verliebtheit vorhandene erfahren und verlangen nach einer Befriedigung, die eben nichts mit symbiotischem Liebesglück zu tun hat. "*I'm in love again -/nein, das eigentlich nicht:/Es sollte nur jemand da sein, an dem ich mich spüren kann*" – diese Stelle des Gedichts macht deutlich, dass der Wunsch nach Berührung nicht immer ein bestimmtes Gegenüber erfordert, dass er auf Grund eines Mangelgefühls stets latent vorhanden ist. Einen anderen Körper zu spüren bedeutet, durch Resonanz sich selbst zu erfahren und das allein wird hier schon als Bereicherung des Lebens gewertet. Aber "*hygienisch, unnahbar, vernünftig*", wie wir sind, gestehen wir uns diese Möglichkeit gegenseitig nicht zu, sind lieber "*stolz*", auch wenn wir dafür mit dem Alleinsein bezahlen müssen.
Ein Zweites lässt sich aus dem Gedicht folgern: Da wir, geprägt durch herrschende Moralvorstellungen, uns unsere Körper nicht gegenseitig "*zur Verfü-*

[173] Tucholsky, Werke, Bd. 6, S. 263f.

gung" stellen können, selbst wenn wir das Bedürfnis danach hätten, sehen wir uns gezwungen, unsere Mangelgefühle zu verdrängen. Diese "*Verhütung der sexuellen Erfahrung*"[174] aber lässt uns so "*neugierig* (...) *auf fremde Körper*" werden und führt dazu, dass wir Sexualität überbewerten.

> "Tatsächlich sind Verbot und Verhüllung Triebfedern von Wunschmechanismen, die stets vom Gegebenen zum Anderen streben. Nudismus und promiskuitive Sexualität haben darum beide eine erforschungswürdige subversive Komponente. (...) Wo alle sich von vornherein entwaffnen, ausziehen und zugänglich machen, laufen die wunscherzeugenden Phantasien von Verbot, Dunkelheit und fernen Zielen ins Leere."[175]

Das Gedicht: "*Es ist* " macht deutlich, weshalb es notwendig scheint, eine Legitimation dafür zu finden, die Wünsche nach körperlicher Begegnung befriedigen zu dürfen: Wir glauben, sie mit dem Begriff 'Liebesgefühle' bemänteln zu müssen und täuschen damit uns und unser Gegenüber.[176]

Das Verfahren, das Tucholsky wählt, um diese Problematik zu verdeutlichen, garantiert, dass ein Erkenntnisprozess in Gang gesetzt wird, weil es auf der einen Seite die Entstehung von Bedürfnissen ehrlich aufzeigt – womit er wahrhaft aufklärerisch wirkt – und auf der anderen Seite die Entstehung von

---

174 Sloterdijk, Kritik der zynischen Vernunft, S. 626.

175 Sloterdijk, Kritik der zynischen Vernunft, S. 626.

176 Peter Schneider hat in einem Aufsatz das Phänomen der 'Täuschung' näher untersucht. Klarheit bezüglich seiner eigenen Bedürfnisse habe er erst erreicht, als er in lokkeren Sexualbeziehungen auf Täuschungsmanöver zu verzichten lernte. Die Vermischung von widersprüchlichen Empfindungen, die Unklarheit bezüglich der Art der Empfindung – dies alles lasse sich nur überwinden, wenn man, so sein Fazit, dem Ursprung der gerade akuten Gefühlsregung nachgehe. Das könne aber nicht geleistet werden, solange wir selbst unsere Gefühle ständig einer Zensur unterwerfen. Peter Schneider: Die Sache mit der "*Männlichkeit*". (In: H.M. Enzensberger, K.M. Michel und H. Wieser (Hrsg.): Kursbuch 35 (Verkehrsformen, 1. Frauen, Männer, Linke. Über die Schwierigkeiten ihrer Emanzipation), Frankfurt/Main 1974, S. 103ff.) So ist das Gedicht von Tucholsky, gerade weil es vom Ursprung bestimmter Bedürfnisse handelt, aufklärerisch im besten Sinne. Es bleibt anzumerken, dass die Diskussion über die Diskrepanz zwischen weiblichem und männlichem Empfinden und die daraus resultierenden unterschiedlichen Bedürfnisse durch die Frauenbewegung in den letzten Jahren verstärkt in den Blickpunkt der Öffentlichkeit geriet. Die Frauenbewegung, die Studentenbewegung der 60er Jahre und die so genannte 'sexuelle Revolution' haben zwar zur Bewusstmachung von bis lang unbewusstem Rollenverhalten und Rollenerwartungen beigetragen, ohne aber die Probleme in den Beziehungen zwischen Mann und Frau gelöst zu haben.

Einsamkeit, Isolation, Berührungsangst und Körperfeindlichkeit als durch die Massengesellschaft produzierte Phänomene erkennen lässt.
Dem durch Körperfeindlichkeit gekennzeichneten Zustand erwächst die Sehnsucht nach "*Körperbildern*"[177]. Da das Bedürfnis nach 'Hautkontakten' nicht befriedigt werden kann, blüht das Geschäft mit der Nacktheit. In dem Artikel: "*Die ausgezogene Frau*" macht sich Tucholsky schon 1930 darüber lustig:

> "Der verständliche Drang, auf der Liebesleiter von der Freude an einem schönen Frauenkörper bis zur Geilheit hinauf und hinunter zu klettern, hat in den illustrierten Blättern Amerikas und Europas eine Hausse in Akten hervorgerufen, die in vielen Akten an einen Akt gemahnen (...). Massenhafte Pornographie ist schon dumm (...). Sie sollten nicht versäumen, sich so etwas einmal anzusehen: es macht sehr tugendhaft (...). Brauchen das die Leute -? Es scheint so."[178]

Es ist Tucholskys Anliegen, die Ursachen der Ängste, Sehnsüchte, Wünsche und Träume erkennen zu können und erkennbar zu machen. Sehnsucht und Angst sind aber auch da, ohne genaue Kenntnis ihrer Ursachen. Liebe wird gleichermaßen als "*Erfüllung, Last und Medizin*"[179] erfahren. Wir brauchen den anderen, selbst wenn uns der Umgang miteinander nicht dauerhaftes Glück garantieren kann.

> (...)
> Von Kopf zu Kopf durchfließt uns ein Strom;
> noch sind wir ein Abenteuer.
> Eines Tages trennen wir uns,
> (...)
> Oder wir bleiben für immer zusammen;
> dann erlöschen die großen Flammen,
> Gewohnheit wird, was Liebe war.
> (...)[180]

Immer und immer wieder kreisen die Reflexionen um die Schwierigkeiten im Umgang mit dem anderen Geschlecht. Zwischen Wünschbarem und Mach-

---

[177] Vgl. zu diesem Begriff Sloterdijk, Kritik der zynischen Vernunft, S. 626.
[178] Tucholsky, Werke, Bd. 8, S. 280f.
[179] In: "Die geschiedene Frau", Tucholsky, Werke, Bd. 9, S. 99f.
[180] "Liebespaar am Fenster", Tucholsky, Werke, Bd. 6, S. 290f.

barem liegt eine Kluft, die zu überwinden keine Möglichkeit gesehen wird.[181] Gier und Lust auf sexuelle Abenteuer auf der einen, Sehnsucht nach beglükkender Zweisamkeit auf der anderen Seite.[182] In diesem Spannungsfeld sind die sich äußernden Bedürfnisse angesiedelt. Verlustängste und Bindungsängste kommen gleichermaßen zum Ausdruck.[183]

> (...)
> Frau und Mann sind niemals frei.
> Stets ist ein Gefühl dabei.
> Und die Dummen sind gewöhnlich alle zwei![184]

Diese Feststellung scheint Tucholsky aus der Summe seiner Beobachtungen zu ziehen. In ihrem Leid aneinander scheinen Mann und Frau ebenbürtig zu sein.

Es gibt jedoch einige Stellen in Tucholskys Werk, die deutlich machen, dass die Frauen unter dem bestehenden Verhältnis der Geschlechter mehr zu leiden haben.
In der Gedichtreihe "*Die Frau spricht*"[185] begegnen wir einem der wenigen Fälle, in denen Tucholsky sich ähnlich wie Kästner der Rollenlyrik bedient. Hier findet sich wieder eine Anzahl von Aussagen bezüglich der Liebesproblematik im allgemeinen, vorrangig aber wird der Versuch unternommen, spezifisch männliche Verhaltensweisen durch die Brille der Frau zu sehen.

---

181 Diese divergierenden Wünsche und Sehnsüchte Tucholskys wertet Gerhard Zwerenz als Ausdruck der 'Zerrissenheit': "Er trennt Eros und Sexus, Körper und Geist (...), kann (...) Einheit auseinander strebender Empfindungen nicht leisten." Gerhard Zwerenz: Kurt Tucholsky. Biographie eines guten Deutschen. München 1979, S. 33. Er übersieht jedoch, dass diese Zerrissenheit nicht allein in Tucholskys Psyche begründet sein muss, sondern ebenso durch gesellschaftliche Normen mit verursacht sein kann.

182 Diese kommt besonders in den Briefen und Gedichten an seine Frau Mary Gerold-Tucholsky zum Ausdruck. Mehr unter biographischen als unter künstlerischen Gesichtspunkten interessant, verdeutlichen sie diese Perspektive, die hier nicht weiter verfolgt werden soll.

183 Aber auch dieser tragische Zwiespalt wird mitunter in einem sehr spielerischen Tonfall abgehandelt. (Das macht bereits das Gedicht "Mikrokosmos" deutlich.) Es ist G. Zwerenz zuzustimmen, wenn er dazu anmerkt: "(...) hier kommt dem Satiriker der Durchblick zur Hilfe, der ihm die Relativität der bloßen privaten Beziehung deutlich macht (...)." Zwerenz, Tucholsky, Biographie eines guten Deutschen, S. 35.

184 "Kleines Operettenlied", Tucholsky, Werke, Bd. 8, S. 162f.

185 Tucholsky, Werke, Bd. 9, S. 99ff.

In allen vier Gedichten artikulieren Frauen ein Mangelgefühl. Das Manko an Aufmerksamkeit, an Zärtlichkeit, an Verständnis wird als typisch männlich erfahren. Im Gedicht: "*Die Frau denkt*" heißt es:

> Mein Mann schläft immer gleich ein (...)
> (...)
> Sie glauben immer, man müsse hochgeehrt
> sein, weil man sie liebt.
> (...)
>
> (...) So richtig verstehen sie uns nie.
> (...)
> (...) Und wollen wir Zärtlichkeit,
> dann haben die Herren meist keine Zeit.
> (...)[186]

"*Der deutsche Mann*"[187] wird als pflichtbesessener, bequemer Typ beschrieben. So erfahren wir: "*Er gibt sich nicht viel Mühe, wenn er die Frau umgirrt*", hat er doch als "*Beamter der Liebe*" nur den Anspruch, dass die Frau "*bequem*" ist "*und sich gehorsam fügt*". Aber das Wissen um die männlichen "*Posen*"[188] und das Mangelgefühl sind nur ein Teil dieser Erfahrung: "*Ja ... er sorgt. (...)/Quält mich; liebt mich; will, daß ich ihn quäle;/dreht mein Leben anders, lastet, läßt mich fliegen - (....)*".[189] Aber wir erhalten auch Antwort darauf, weshalb die Frauen meinen, das "*nötig*"[190] zu haben. Für sie ist ein Mann "*Mann und Gott und Kind,/weil (sie) so sehr Hälfte sind*".[191]

So ist das Bild der Frau in diesen Gedichten das der frustrierten. Diese Frustration aber bringt sie dazu, den Status quo des Geschlechterverhältnisses zu hinterfragen: *"Ob es das wohl gibt:/ein Mann, der so nett bleibt, so aufmerksam/wie am ersten Tag, (...)? Einer, der Freund ist und Mann und Liebhaber; (...)".*[192]

Der Spott und die Resignation als Reaktion auf die Erfahrungen mit dem männlichen Geschlecht führen in diesen Versen aber nie zu dessen Verurteilung. Der Grund: "*Man fällt (zwar) immer wieder auf sie rein*", aber eben in

---

[186] "Die Frau denkt", Tucholsky, Werke, Bd. 9, S. 100.
[187] "Lamento", Tucholsky, Werke, Bd. 9, S. 101f.
[188] "Die geschiedene Frau", Tucholsky, Werke, Bd. 9, S. 99.
[189] "Die geschiedene Frau", Tucholsky, Werke, Bd. 9, S. 100.
[190] "Die geschiedene Frau", Tucholsky, Werke, Bd. 9, S. 100.
[191] "Die geschiedene Frau", Tucholsky, Werke, Bd. 9, S. 100.
[192] "Eine Frau denkt", Tucholsky, Werke, Bd. 9, S. 100.

dem Gefühl, auf den Umgang mit ihnen nicht verzichten zu können. Man erfährt durch die Männer doch auch, "*was das ist: Genuß*"[193], erfährt durch sie Gleichgültigkeit und Fürsorge, Mangel und Erfüllung.
Man kann also feststellen, dass die Situation der Frau in den Gedichten von Tucholsky gleichermaßen sensibel und verständnisvoll geschildert wird. Sie machen klar, dass durch das Verhalten der Männer den Frauen Nachteile erwachsen.

> "Wenn du ehrlich bist, dann fällst du rein!/Das Geschäft ist faul: Er nimmt und du gibst (...)"

heißt es in dem Gedicht: "*Kleines Operettenlied*"[194], und an anderer Stelle sagt "*Sie*(,) *zu ihm*":

> "Wärst du der Weiche von uns beiden,/wärst du der Dumme. Bube sticht./Denn wer mehr liebt, der muß mehr leiden."[195]

Wie viel Verständnis Frauen für den Mann aufbringen müssen, veranschaulicht das Gedicht: "*Stationen*".

> Erst gehst du umher und suchst an der Frau
> das, was man anfassen kann.
> (...)
> du bist noch kein richtiger Mann.
> (...)
> Dein Herz sagt:
> Max und Moritz!
>
> Das verwächst du. Dann langts nicht mit dem Verstand.
> Die Karriere! Es ist Zeit ...!
> Eine kluge Frau nimmt dich an die Hand
> (...)
> Dein Herz sagt:
> Mutter.

---

193 "Sie, zu ihm", Tucholsky, Werke, Bd. 9, S. 316.
194 Tucholsky, Werke, Bd. 8, S. 62f.
195 Tucholsky, Werke, Bd. 9, S. 316.

Das verwächst du. Nun bist du ein reifer Mann.
(...)
Du möchtest, daß im Bett nebenan
eine fremde Jugend blüht.
  Dumm kann sie sein. Du willst: junges Tier,
  ein Reh, eine Wilde, ein Elixier.
Dein Herz sagt:
          Erde.

Und dann bist du alt.
(...)
Dein Herz, das so viele Frauen besang,
dein Herz sagt: "Na, Alte ...?"
                    Dein Herz sagt: Dank.[196]

Frauen befriedigen die "*Max und Moritz*"-Gefühle, sie sind da, wenn den Männern nach "*Mutter*" oder nach "*Erde*" der Sinn steht. Den wechselnden Bedürfnissen des Mannes zu genügen, wird aber nicht als alleinige Aufgabe der Frau gesehen. Die Notwendigkeit einer Veränderung des Geschlechterverhältnisses macht das Gedicht: "*Warte nicht*" besonders deutlich. Es enthält Aussagen, die für ihre Entstehungszeit (das Gedicht datiert von 1931) fortschrittlich, beinahe revolutionär wirken.

Warte nicht!

Du, Frau an der Falzmaschine,
sieh in den Himmel hinauf!
Du nähst am Fenster, Mädchen –
Sieh in den Steinhof hinab!
  Denkt ihr über das Schicksal nach?
  über gestern, heute und morgen?
  Kopf hoch! Es gibt einen Spruch,
  der strahlt über allen Sorgen:
      Warte nicht zu lange,
      warte nicht zu lang!
      Lausch deinem innern Klange,
      die Zeit geht ihren Gang.
          Jeder hat im Leben
          eine Melodie ...
      Und was du dir nicht selber nimmst,
      das erreichst du nie -!

[196] Tucholsky, Werke, Bd. 8, S. 292f.

Du, junge Arbeiterin,
liebst einen, der dich liebt.
Sollst du ihn nehmen? Ist er ein Gewinn?
Hat er zu geben, wenn er gibt?
Mach reinen Tisch und entscheide dich –
(...)
Ja oder Nein! – aber bleib nicht stehn,
(...)
(...)
Und wenn du dir vom Lebensbaum
die Früchte nicht einmal an dich reißt –
bekommst du sie nie -![197]

Hier wird an die Frauen appelliert, ihr Leben selbst in die Hand zu nehmen, auf die eigenen Bedürfnisse zu achten und sich zu holen, was ihnen bislang vorenthalten wurde. Dieses Lied antizipiert die Forderungen der neuen Frauenbewegung, sich unabhängig zu machen von dem Bild, dem die Frauen jahrhundertlang genügen mussten und genügt haben. Emanzipation, so macht das Gedicht deutlich, erstreckt sich nicht nur auf den Bereich der Arbeitswelt, sondern muss auch im privaten Bereich stattfinden. Insgesamt machen die Texte deutlich, dass Tucholsky kein gleichberechtigtes und auch kein glückliches Verhältnis der Geschlechter vorfindet. Er konfrontiert die Leser mit der Einschätzung dessen, was er sieht und erlebt. Er tut dies mit den Mitteln des Schriftstellers. Dabei sind sowohl seine dichterischen Fähigkeiten als auch sein ideologiekritischer Ansatz von Bedeutung.
Tucholsky grübelt und er grübelt laut. Er hat keine einfachen Antworten auf die Fragen nach dem 'Warum' und 'Wozu', aber er gibt durch seine Reflexionen, gerade weil sie niemals moralisierend oder belehrend wirken, die Möglichkeit, selbständig bislang nicht Bedachtes zu bedenken, bislang Unbewusstes ins Bewusstsein zu heben. Dadurch ist er Aufklärer im besten Sinne.

Kästners Frauen- und Männerbild ist, das wurde bereits aus den Einzelinterpretationen ersichtlich, durch ein rollenorientiertes Sexualverständnis gekennzeichnet.[198] Dies wird noch deutlicher, untersucht man auch andere Gedichte des Autors zum Thema 'Liebe/Erotik'. Hierbei sind bestimmte Stereotypen feststellbar:

[197] Tucholsky, Werke, Bd. 9, 326f.
[198] Vgl. zu diesem Begriff: Walter, Zeitkritik und Idyllensehnsucht, S. 160.

- die Abwertung sexueller Aktivität und Freizügigkeit von Frauen
- die Unvereinbarkeit von Mutterschaft und Sexualität (Verurteilung von sexuell aktiven Müttern)
- Festlegung der Frau auf eine passive Rolle
- Darstellung der "seelischen Anämie"[199] des Mannes
- Der 'Macher' als favorisierter Männertyp
- Glücklosigkeit zwischen Mann und Frau als 'Schicksal'

Sicher ist Kästner nicht generell eine konservative Denkweise vorzuwerfen.[200] Aber sein "*koketter Antifeminismus*"[201] und sein Rollenverhaftetsein, das man mit einem heutigen Schlagwort 'männlichen Chauvinismus' nennen könnte, verhindern, dass dieser Bereich seiner Lyrik der Überwindung alter Vorurteile dienen kann.
In diesem Zusammenhang muss auch noch einmal auf Kästners Anspruch und Anliegen, Gedanken und Empfindungen in Stellvertretung für seine Mitmenschen auszudrücken, eingegangen werden. Ließe sich doch gegen den oben erwähnten Vorwurf, dass in den Liebesgedichten Klischeedenken und Rollenorientiertheit zum Ausdruck komme, einwenden, das sei auch nicht anders möglich, weil Kästner eben dieses Denken vorgefunden habe und es dann in seinen Versen abgebildet hätte. Mit diesem Verfahren habe er seinen Zeitgenossen quasi einen Spiegel vorgehalten ("*Lärm im Spiegel*"[202] heißt einer seiner Gedichtbände), damit diese ihr Verhalten nochmals kritisch überprüften.
Um diesen Einwand zu entkräften, galt es dieses – von Kästner ja für diesen Zweck gewählte – Verfahren genau unter die Lupe zu nehmen. Zwar ist – wie in dem Exkurs über Rollenlyrik bereits angesprochen – bei dieser Form der Lyrik der Autor schwerer einzuordnen, aber es ist nicht unmöglich, herauszufinden, welche Position er vertritt. Die Einzelinterpretationen machten bereits

---

[199] Walter, Zeitkritik und Idyllensehnsucht, S. 172.
[200] So übt Kästner in einigen Gedichten Kritik am staatlichen Eingriff in die Privatsphäre des Menschen (vgl. z.B. "Möblierte Melancholie", Schriften, Bd. 1, S. 159f.) In seiner Funktion als Journalist ist er ein Vertreter fortschrittlicher Positionen, wie aus Rezensionen deutlich wird (z.B. übte er Solidarität mit den Gegnern des § 218). Vgl. hierzu Walter, Zeitkritik und Idyllensehnsucht, S. 139.
[201] Kesten, Einleitung zu Kästner, S. 27.
[202] Dieser Band erschien im Jahr 1929.

deutlich, dass Kästner zwar Taburegeln verletzt und ein Thema wie 'Liebe' in unkonventionellen Bildern abhandelt, dabei aber konventionellen Vorstellungen und Vorurteilen neue Nahrung gibt. Die folgenden Ausführungen sollen dazu dienen, dies noch anschaulicher zu machen.

- Abwertung sexueller Aktivität und Freizügigkeit von Frauen

An einigen Gedichten ist die Abwertung und Verurteilung sexueller Aktivitäten und sexueller Freizügigkeit von Frauen ablesbar. So heißt es beispielsweise in "*Ein Baum lässt grüßen*": "*Die Dame rechts soll sich was schämen!/Wenn ihre Hüften bloß nicht näher kämen!*" [203]

Das Gefühl der Bedrängung durch die aggressive Frau zeigt die Angst vor der weiblichen 'Libertinage'. Diese Angst als "*Angst vor dem Autonomieverlust in der entfesselten Sexualität*" zu sehen, wie Lethen[204] es tat, bietet einen Erklärungsversuch, der den Blick schärft für die Gründe der Kritik, die Kästner an den sexuellen Ansprüchen der Frauen übt. In dem Gedicht "*Ball im Osten: Täglich Strandfest*" liest sich das so:

> Sinnlich beißt sie dich ins Ohr,
> säuft Likör und knöpft dich vor.
> Nichts am Manne ist ihr heilig.
> Was sie hat, das hat sie eilig.
> Als du, zu diskretem Zweck,
> rauswillst, läßt sie dich nicht weg.[205]

Der witzige Tonfall dieser Zeilen kann nicht verschleiern, dass hier weibliches Verhalten lächerlich gemacht wird, um die eigenen Ängste im Umgang mit solchen Frauen verdecken zu können.

Auch in "*Moralische Anatomie*" begegnet uns ein Frauentyp, der sich von herrschenden Moralvorstellungen frei gemacht hat:

> **Moralische Anatomie**
>
> Da hat mir kürzlich und mitten im Bett
> eine Studentin der Jurisprudenz erklärt:

---

[203] Kästner, Schriften, Bd. 1, S. 57.

[204] Lethen, Neue Sachlichkeit, S. 150. Lethen macht diese Beobachtung im Zusammenhang mit Kästners Roman "Fabian". Sie ist jedoch für seine Gedichte ebenfalls gültig.

[205] Kästner, Schriften, Bd. 1, S. 242.

Jungfernschaft sei, möglicherweise, ganz nett,
besäß aber kaum noch Sammlerwert.

Ich weiß natürlich, daß sie nicht log.
Weder als sie das sagte,
noch als sie sich kenntnisreich rückwärtsbog
und nach meinem Befinden fragte.

Sie hatte nur Angst vor dem Kind.
Manchmal besucht sie mich noch.
An der Stelle, wo andre moralisch sind,
da ist bei ihr ein Loch ...[206]

Dass gerade eine Jurastudentin, die das herrschende Recht 'pflegen' sollte, mit Konventionen bricht, weil sie diese für überholt hält, macht den Reiz der Eingangsstrophe aus. Auf Grund ihrer Einstellung ist sie "*kenntnisreich*", was Sexualität anbelangt, und ergreift die Initiative ("*Manchmal besucht sie mich noch*"). Dies alles scheint noch eine ziemlich wertfreie Wiedergabe der Erfahrung des lyrischen Ichs zu sein. Die Schlusszeilen machen jedoch deutlich, dass der Sprecher des Gedichts den vorgeführten Frauentypus zwar duldet (immerhin lässt er sich besuchen), dass aber dessen Moralbegriffe für ihn einen Qualitätsverlust mit sich bringen: "*An der Stelle, wo andre moralisch sind, /da ist bei ihr ein Loch (...)*". Diese sehr zweideutige Aussage ist abwertend, verglichen mit anderen ist die Studentin ein Mensch, dem etwas fehlt. Verständnis und Achtung für diese Frau verrät das Gedicht nicht, höchstens Herablassung, denn sie eignet sich immerhin für das Amüsement des männlichen Sprechers, wird damit zweckdienlich, also zum Objekt gemacht.
Das "*Loch*" (diese Formulierung kann auch als drastische Umschreibung des weiblichen Geschlechtsorgans verstanden werden), bildhaft an das Ende des Gedichts gesetzt, ermöglicht dem 'Moralisten' einerseits, sie negativ zu klas-

[206] Kästner, Schriften, Bd. 1, S. 92.

sifizieren, liefert ihm aber andererseits auch die Voraussetzung dafür, mit ihr seine Sexualität befriedigen zu können.[207]
Zudem bietet diese Passage des Gedichts aber die Möglichkeit, sich unbeschadet gütlich zu tun an der 'Anatomie' der Frau und damit mittelbar Nutznießer ihres Körpers zu werden.

[207] Betrachtet man die Ausführungen zu diesem Gedicht in der Sekundärliteratur, stellt man fest, dass bei der Einschätzung der Verse kein Konsens besteht. Helmuth Kiesel sieht in: "Moralische Anatomie" eine Toleranzerklärung: "Aber zeigt sich ihr Partner durch ihr Verhalten unangenehm berührt? (...), daß er ihren Besuch noch immer empfängt, ist mithin ein Signal dafür, daß er ihre Verhaltensweise nach wie vor akzeptiert." Er übersieht, dass es die Studentin ist, die aktiv wird und dieser sich passiv verhält. Die Schlusszeilen bereiten auch ihm Probleme. Er sieht die Gefahr, sie könnten als "krasse und abwertende Beschreibung einer ganz auf das körperliche reduzierten Sexualität" verstanden werden. Die Rückbesinnung auf den Titel des Gedichts macht für ihn aber deutlich, dass nur auf die "moralische Veranlagung" der Studentin angespielt werde. Diese Schlussfolgerung ist jedoch nicht zwingend, ist doch anzunehmen, dass Kästner diese "mißverständlich formulierte" Bezeichnung ("Loch") mit Bedacht gewählt hat, resultiert aus ihr doch auch die Pointe des Schlussverses. Wäre dies der Fall, sei, so muss auch Kiesel konstatieren, diese Anspielung nicht mehr "als ein schlechter Herrenwitz". Kiesel, Erich Kästner. Autorenbücher, S. 62.
Dirk Walter beschreibt die doppelbödige Moral, die den Sprecher des Gedichts kennzeichnet, in Abgrenzung zur Einschätzung Winkelmans (Social Criticism in the early works of Erich Kästner. Columbia/Miss. 1953), der die Studentin als "degraded creature" (S. 90) bezeichnet. "Es entgeht ihm, daß der Sprecher (...) das Objekt seiner Kritik zugleich benutzt, um das eigene Renommee zu steigern." Walter, Zeitkritik und Idyllensehnsucht, S. 151.

- Die Unvereinbarkeit von Mutterschaft und Sexualität

Sexuell aktive Mütter aber werden von Kästner noch schonungsloser verurteilt.

> **Ballgeflüster**
> (Ist sehr sachlich zu sprechen)
>
> Ich bin aus vollster Brust modern
> und hoffe, man sieht es mir an.
> Ich schlafe mit allen möglichen Herrn,
> nur nicht mit dem eigenen Mann.
>
> (...)
>
> Ich liebe nach neuester Mode.
> Ich kenne den dernier cri.
> Ich beherrsche jede Methode.
> Mein Hündchen heißt Annemarie.
>
> (...)
>
> Gefühl ist mir gänzlich fremd.
> Ich leide nicht durch Gebrauch.
> Ich hab unterm Kleid kein Hemd.
> Und Kinder habe ich auch.
> (...) [208]

In "*Ballgeflüster*" bezeichnet sich die Sprecherin selbst als 'moderne' Frau und spricht in schnoddrigem Ton von ihrer Untreue und ihren ungewöhnlichen Sexualpraktiken: Die kaltschnäuzige Redeweise, in der die Sprecherin berichtet, qualifiziert sie moralisch schon ab, aber erst der Satz "*und Kinder habe ich auch*" macht es gänzlich unmöglich, die bislang vielleicht zumindest noch als amüsant empfundene Einstellung der Sprecherin[209] weiter in irgendeiner Weise zu tolerieren, ist doch gerade der Mutterstatus einer, der Verantwortungsbewusstsein impliziert. Es gilt, was A. Brendel dazu anmerkt: "*Mit diesem Umschwung baut Kästner auf eine moralische Entrüstung auf Seiten der Leser*",[210] weil der Lebenswandel der 'Mutter' so verwerflich ist, dass man

---

[208] Kästner, Schriften, Bd. 1, S. 82f.
[209] Kästners Anmerkung: "Ist sehr sachlich zu sprechen" weist darauf hin, dass dieses Gedicht für den Kabarettvortrag gedacht war.
[210] Brendel, Gebrauchslyrik, S. 138.

sich davon distanzieren muss. Kästner liefert so seine Moral über diesen Typus Frau in den Rollenträgern dieser Gedichtmonologe schon mit.[211]

Nicht anders ist es bei: "*Ein Kind, etwas frühreif*". Hier schildert das lyrische Ich (bei diesem Gedicht handelt es sich nicht um ein Rollengedicht) die Begegnung mit einem Kind und seiner schönen Mutter:

> (...)
> Das Kind ging mit einer schönen Frau.
> Die dachte, ich dächte, sie wäre so frei ...
> (...)
>
> Sie fühlte sich schon zur Hälfte verführt
> und schwenkte vergnügt ihr Gewölbe.
> Das hätte mich nun nicht weiter gerührt.
> Doch das Kind – ich hab es ganz deutlich gespürt –
> das dachte bereits dasselbe ...[212]

Auch hier erkennen wir wieder das Stereotyp: sexuell aktive Frau / bedrängter, passiver Mann. Auch hier wird uns eine Mutter vorgeführt, die sich quasi prostituiert *("(...) schwenkte vergnügt ihr Gewölbe")*. Der schlechte Einfluss, den ihre Praktiken auf ihr eigenes Kind haben ("*das dachte bereits dasselbe*"), qualifiziert sie auch hier endgültig ab.
Bei diesem Gedicht wird allerdings allzu deutlich, dass es eine Mischung aus Projektion und Wunschtraum ist. Auch die falsche Bescheidenheit, mit der sich das lyrische Ich einführt ("*ich bin in solchen Dingen nicht stolz*"), kann nicht verdecken, dass hier ein Mann spricht, dessen Haltung anmaßend zu nennen ist. Er gibt vor zu wissen, was sie fühlt, unterstellt ihr Wünsche, die doch nur seine eigenen verraten und interpretiert ihr Verhalten seinen Bedürfnissen entsprechend: Er ist es, der danach trachtet, sie zu verführen. Wie sonst wäre es möglich, dass sie sich "*schon zur Hälfte verführt*" fühlen kann. Hier wird besonders deutlich: "*Nicht die Objekte sind für das Begehren verantwortlich, das sich auf sie richtet, sondern das Wünschen malt die Objekte mit seiner Sehnsucht an (...)*" .[213] Als Produzent seiner Wünsche aber kann sich das 'Ich' des Gedichts nicht erkennen, muss deshalb die Verantwortung

---

[211] Vgl. Brendel, Gebrauchslyrik, S. 142.
[212] Kästner, Schriften, Bd. 1, S. 66.
[213] Sloterdijk, Kritik der zynischen Vernunft, Bd. 2, S. 627.

für seine, in Bezug auf das Kind auch unerlaubten, Wünsche und Begierden auf andere projizieren.

Die schonungslose Abrechnung mit den vorgeführten verantwortungslosen Müttern lässt bereits vermuten, dass der Mutterschaft eine übergroße Bedeutung zugeordnet ist, dass sie als 'heilige' Aufgabe gesehen wird.

So überrascht es nicht, dass sich eine Reihe von Gedichten finden, die suggerieren, Mutterschaft sei die alleinige Erfüllung des Frauenlebens: Immer wieder stellt Kästner Frauen vor, die sich von den Fesseln viktorianischer Moralvorstellungen frei gemacht haben und dann trotzdem nicht glücklich sind (vgl. "*Chor der Fräuleins*" / "*Chor der Girls*" / "*Ansprache einer Bardame*" etc.) [214]

Die in den Gedichten steckende Wertung ist eine, die sich der Zustimmung der Leser sicher sein konnte, weil sie Ausdruck traditioneller Vorstellungen, zeitverhafteten Klischeedenkens ist.[215] Sicherlich traf Kästner, wie D. Walter anmerkt, mit seinen Versen die Gefühle von "*nur halb emanzipierten Frauen (...), wenn er immer wieder die Sehnsucht nach Ehe oder genauer – Mutterschaft anklingen läßt.*"[216] Das zeigt jedoch, dass diese Gedichte nicht mehr als Identifikationsmöglichkeiten boten.

Die Beschäftigung mit Kästners Texten führt aber auch zu der Frage, weshalb Kästner 'Mutterschaft' so idealisiert. Dies lässt sich nicht allein mit der gesellschaftlichen Umbruchsituation und ihren Auswirkungen auf das Verhältnis der Geschlechter erklären. Neben der negativen Zeichnung sexuell aktiver Mütter finden sich auch einige Gedichte, in denen Mütter positiv dargestellt werden. Diese Mütter sind, auch wenn ihre Söhne bereits erwachsen sind, noch Zufluchtsort für den durch aggressive Frauen bedrängten Mann. Überraschend oft findet sich der Typus 'verständnisvolle Mutter' in Kästners Gedichten. In dem bereits erwähnten Gedicht: "*Ein Baum lässt grüßen*" träumt der Gedichtsprecher von "*Veilchen, die die Mutter liebt*" [217], während er von einer Frau in Bedrängung gebracht wird. In "*Junggesellen auf Reisen*"

---

[214] Kästner, Schriften, Bd. 1, S. 56, S. 151f., S. 68f.

[215] Gerade für diesen Bereich seines Schaffens ist Kästner der Repräsentant des deutschen Kleinbürgertums. Vgl. Wolfgang Harich: Kästner wird fünfzig. (In: "Die Weltbühne", 4. Jg., Nr. 19 (22.02.1949), S. 296.)

[216] Walter, Zeitkritik und Idyllensehnsucht, S. 148.

[217] Kästner, Schriften, Bd. 1, S. 57.

erfahren wir, dass "*Mütter doch die besten Frauen sind*".[218] Wenn es ein Gedicht gibt, in dem expressis verbis und bar jeder Ironie von Zuneigung gesprochen wird, so ist dies "*Stiller Besuch*". Hier heißt es: "*Seine Mutter saß am Tisch und schrieb. / (...) Und er dachte: Gott, hab ich sie lieb!*". [219] Diese Idylle hebt sich stark von den sonstigen Gedichten Kästners ab, in denen fast ausschließlich Beziehungsschwierigkeiten thematisiert werden. Dies ist wohl auch der Grund, weshalb Luiselotte Enderle sogar so weit geht, dieses Gedicht als sein "*einziges Liebesgedicht*" zu bezeichnen.[220]

So wird auf Grund dieser persönlichen Konstellation bei Kästner die Mystifizierung der 'Liebe' ersetzt durch die Mystifizierung der Mutterschaft. (Ein Bereich musste – wohl gerade in einer so turbulenten Zeit – von unzerstörbarem Wert bleiben, Bestand haben.)

Die starke Fixierung Kästners auf seine Mutter wirkt sich, und nur deshalb findet sie Erwähnung, auch auf seine Liebeslyrik aus. Die Rollenerwartung ist durch diese Fixierung bereits festgelegt und damit eindeutig besetzt. Daraus resultiert, dass alle anderen, davon abweichenden weiblichen Verhaltensweisen abgelehnt werden müssen.[221] In Kästners Gedichten ist der Zwang zur Abwertung dieser 'anderen' Frauen auffällig. Diese werden als Objekte gesehen, aus deren Unterlegenheit der Mann Lust erfährt.

---

[218] Kästner, Schriften, Bd. 1, S. 113.

[219] Kästner, Schriften, Bd. 1, S. 195.

[220] Kästner, Mein liebes gutes Muttchen, Du!, S. 107. Welche übergeordnete Bedeutung für Kästner die Beziehung zu seiner Mutter hatte, geht auch aus dem folgenden hervor. Kästner schreibt in einem Brief an seine Mutter: "Es ist so schön, daß wir beide einander lieber haben, als alle anderen Mütter und Söhne, die wir kennen (...). Was sind andere Beziehungen dagegen? Freundschaftliche Liebe und solche Dinge sind daneben ganz unbedeutend. Wir beiden sind uns das Wichtigste und dann kommen alle anderen noch lange nicht." Kästner, Mein liebes gutes Muttchen, Du!, S. 71.

[221] Auch Dirk Walter merkt an, dass nicht von der Hand zu weisen sei, dass die Mutter für Kästner ein Ideal verkörperte, "das dann als Maßstab der Moralkritik im sexuellen Bereich dienen konnte." Walter, Zeitkritik und Idyllensehnsucht, S. 153.

- **Festlegung der Frau auf eine passive Rolle**

In den Gedichten Kästners ist auch ein Frauentyp vorfindbar, der in seiner angestammten passiven Rolle verharrt.
In: "*Ein Fräulein beklagt sich bitter*" [222] spricht ein Mädchen, dem seine Schönheit zum Nachteil gereicht:

> (...)
>
> Ich bin nicht hübsch. Und bin nicht intressant.
> Nein, ich bin schön! Und dabei heiß ich Elli.
>
> (...)
>
> So schön wie ich zu sein, ist kein Vergnügen.
> So schön zu sein wie ich, ist eine Qual!
> Die Männer wählten mich zum Ideal.
> Und wen sie ausersehn, der muß sich fügen.
>
> Man sprach mich heilig, weil man es so wollte.
> Und keiner fragte, ob ich heilig sei!
> Ich bin ein Mädchen, und gesund dabei,
> und weiß nicht recht, warum ich fromm sein sollte.
>
> (...)
>
> Macht Verse! Malt mich ab! Setzt mich in Noten!
> Mir ist es recht, da es mir recht sein muß.
> Doch gafft nicht nur, als wäre ich verboten!
> Kein Mädchen ist zu schön für einen Kuß
>
> (...)
>
> Ich bin so schön. Noch keiner sah mich nackt.
> Wo ist der Mann, der mich verwegen packt!
> Daß ihr so fromm zu mir seid, das ist Sünde. [223]

Die Sprecherin beklagt sich darüber, dass Männer sie vergöttern, statt sie zu verführen. Eine Möglichkeit, den eigenen Wünschen Rechnung tragen zu können, scheint nicht gegeben, denn die Wahl treffen einzig und allein die Männer. Damit bleibt der Frau nur die Möglichkeit, ihr Schicksal zu bedauern,

---

[222] Der Typ des 'Fräuleins', der bei Kästner häufig auftritt, wird von Brendel eingehend besprochen. Vgl. Brendel, Gebrauchslyrik, S. 134ff.
[223] Kästner, Schriften, Bd. 1, S. 126f.

und die Hoffnung, dass doch noch ein 'richtiger' Mann kommt und sie "*verwegen packt*".

Der ironische Ton des Gedichts dient nicht dazu, die Situation der Frau als unwürdig zu entlarven. Das Gedicht macht sich vielmehr über seine Sprecherin ("*Elli*") lustig, verrät heimliche Freude darüber, dass dieser, weil auf Männer angewiesen, ihre ganze Schönheit nichts nützt. Es sind Männer, die sie definieren und durch die sie sich selbst definiert. Den Männern aber ist sie nicht Objekt der Begierde, sondern Objekt der Verehrung, mag sie sich auch noch so sehr danach sehnen, Geliebte und nicht 'Heilige' zu sein.

Ihr Wert scheint nur aus der Bedeutung ihres Körpers für Männer zu resultieren und ihre Tragik liegt, folgt man dem Gedicht, allein darin, dass ihr Köper für Männer eine Art 'Heiligtum' ist und diese 'nur' dazu anregt, ihren "*Körperbau*" zu besingen, auf die Leinwand zu bringen und – das Gedicht belegt es ja – darüber Verse zu schreiben.

Zudem aber vermittelt das Gedicht in süffisantem Ton die Botschaft, dass Frauen, vor die Entscheidung gestellt, 'Heilige oder Hure' zu sein, sich dafür aussprechen würden, die Funktion der 'Hure' zu erfüllen. Das Vergehen der Männer besteht dann auch darin, dass sie dies nicht bemerken: "*Daß ihr so fromm zu mir seid, das ist Sünde.*"

Sich mit dem Gegebenen abzufinden, wird häufig als selbstverständliches Los der Frau gesehen. Als weitere Beispiele dafür können die Gedichte: "*Frau Großhenning schreibt an ihren Sohn*"[224] und "*Eine Mutter zieht Bilanz*"[225] dienen. Die in diesen Gedichten sprechenden Frauen warten und leiden. Sie sind positiv gezeichnet; mit ihrer Fürsorge und Hingabe für andere wecken sie die Sympathie des Lesers. Ihr Ausgeliefertsein, ihre Abhängigkeit werden aber weder hier noch in: "*Das Gebet keiner Jungfrau*"[226] oder in: "*Ein gutes Mädchen träumt*"[227] wirklich in Frage gestellt.

---

[224] Kästner, Schriften, Bd. 1, S. 62ff.
[225] Kästner, Schriften, Bd. 1, S. 115f.
[226] Kästner, Schriften, Bd. 1, S. 155f.
[227] Kästner, Schriften, Bd. 1, S. 172f.

- **Darstellung der "seelischen Anämie"[228] des Mannes**

Die Männer werden in Kästners Gedichten oft nicht gerade positiv gezeichnet. D. Walter hat darauf verwiesen, dass Kästner häufig den "*gefühlskalten, zur Liebesbindung Unfähigen*"[229] darstelle, was deutlich mache, dass der Autor diese "*seelische Anämie*" als eine zeittypische Verhaltensweise der Männer betrachtet habe. "*Ein Mann gibt Auskunft*" (Punkt 2.4.5.), "*Abschied in der Vorstadt*"[230], "E*in gutes Mädchen träumt*", "*Eine Frau spricht im Schlaf*"[231] können hierfür ebenso als Beispiele dienen wie "D*ie unverstandene Frau*"[232]. Im zuletzt genannten Gedicht kommt die Gefühlskälte des Mannes besonders deutlich zum Ausdruck.[233] Hier wird ein Mann vorgeführt, der der Selbstverstümmelung seiner Frau tatenlos und unbeteiligt zusieht:

> (...)
> Ich hielt im Traum ein Messer in der Hand.
>
> Ich hob es hoch, mich in den Arm zu stechen,
> und schnitt hinein, als sei der Arm aus Brot.
>
> (...)
>
> du meintest nur: "Man müßte dich verbinden",
> und schautest mir wie einem Schauspiel zu.
>
> (...)

Der Umstand, dass es hier nur ein Traum ist, den die Frau ihrem Mann erzählt, ist nicht von Bedeutung, denn in der Rahmenhandlung, in die der Traum eingebettet ist, gibt doch der Sprecher des Gedichts die Reaktion des Mannes auf den erschreckenden Inhalt dieses Traumes wieder:

---

[228] Walter, Zeitkritik und Idyllensehnsucht, S. 172.
[229] Walter, Zeitkritik und Idyllensehnsucht, S. 172.
[230] Kästner, Schriften, Bd. 1, S. 73f.
[231] Kästner, Schriften, Bd. 1, S. 191f.
[232] Kästner, Schriften, Bd. 1, S. 217f.
[233] Tucholsky sagt über Kästner und seine Lyrik: "Ich glaube, Kästner hat Angst vor dem Gefühl. Er ist nicht gefühllos, er hat Angst vor dem Gefühl, weil er es so oft in Form der schmierigsten Sentimentalität gesehen hat. Aber über den Leierkastenklängen gibt es doch noch ein: ich liebe dich – es gehört nur eine ungeheure Kraft dazu, dergleichen hinzuschreiben. Und da sehe ich einen Bruch, einen Sprung (...)." Tucholsky, Werke, Bd. 8, S. 312.

> Er band, vorm Spiegel stehend, die Krawatte.
> Und sah im Spiegel, daß sie nicht mehr sprach.
> Und als er sich den Schlips gebunden hatte,
> griff er zum Kamm. Und zog den Scheitel nach.

Diese Schlusszeilen machen nicht nur das emotionale Defizit des Mannes deutlich, der nur noch zu Übersprungshandlungen fähig ist, sie verweisen auch durch die wiederholte Erwähnung des Spiegels noch einmal darauf, dass mit dieser Traumvision dem Mann ein Spiegel vorgehalten wird, der Traum also das reale Verhältnis zwischen ihm und seiner Frau wiedergibt.
Dass er im Spiegel aber nur sieht, "*daß sie nicht mehr sprach*", lässt erkennen, dass er unfähig oder nicht willens ist, den Appell seiner Frau wahrzunehmen, d.h., dass seine psychische Deformierung ihn jeglicher Erkenntnismöglichkeit beraubt.
Ist mit der Darstellung dieses Phänomens schon eine Erkenntnismöglichkeit seiner Ursachen gegeben? Die Häufigkeit der Darstellung allein garantiert dies nicht. Auch die Liebeslyrik selbst gibt darauf keine Antwort, liefert höchstens vage Hinweise, dass das emotionale Defizit kein gewolltes, sondern ein gesellschaftlich bedingtes ist. (Ein Beispiel dafür ist: "*Ein Mann gibt Auskunft*".)
Kausalerklärungen aber liefern Kästners Liebesgedichte nicht. D. Walter hat das erkannt, wenn er schreibt, dem Autor habe wenig daran gelegen, systemkritische Komponenten mit einzubeziehen, "*scheint Kästners Augenmerk doch mehr dem Verhalten der beschriebenen Personen und der präzisen Darstellung des unhappy end selbst zu gelten.*"[234]
Daraus aber erwächst die Gefahr, in der abgebildeten Liebesunfähigkeit des Mannes und der daraus resultierenden seelischen Unterdrückung der Frau etwas Unabänderliches, Schicksalhaftes zu sehen.

[234] Walter, Zeitkritik und Idyllensehnsucht, S. 177.

- Der 'Macher' als favorisierter Männertyp

Die Feststellung und Schilderung der männlichen Gefühlsanämie hindert Kästner jedoch nicht, gerade den kalten, zynischen Männertypus häufig zu Wort kommen zu lassen. Die mögliche Konsequenz aus der zuletzt beschriebenen Einsicht in die Gefühlsarmut des Mannes, nämlich tradiertes Männerverhalten insgesamt genauer zu untersuchen, hat Kästner nicht gezogen.

So wird beispielsweise das Renommiergehabe des "*Kammervirtuosen*" nicht als fragwürdig gezeichnet, sondern dient dem Amüsement.

Nur 'verwegene' Männer sind es, wie wir bereits erfuhren, die es verdienen, Männer genannt zu werden.

Besonders deutlich wird das positive Männerbild des Autors aber durch das Lächerlichmachen eines ganz anderen Männertyps im Gedicht: "*Der Kümmerer*".

Der Kümmerer ist zwar ein Mann,
doch seine Männlichkeit hält sich in Grenzen.
Er nimmt sich zwar der Frauen an,
doch andre Männer ziehn die Konsequenzen.

Der Kümmerer ist ein Subjekt,
das Frauen, wenn es sein muß, zwar bedichtet,
hingegen auf den Endeffekt
von vornherein und überhaupt verzichtet.

Er dient den Frauen ohne Lohn.
(...)

Er wiehert nicht. Er wird nicht wild.
Er hilft beim Einkauf, denn er ist ein Kenner.
Sein Blick macht aus der Frau ein Bild.
Die andren Blicke werfen andre Männer.

(...)

Die Kümmerer sind sehr begehrt,
weil sie bescheiden sind und nicht begehren.
Sie wollen keinen Gegenwert.
Sie wollen nichts als da sein und verehren.

Sie heben euch auf einen Sockel,
der euch zum Denkmal macht und förmlich weiht.
Dann blicken sie durch ihr Monokel
und wundern sich, daß ihr unnahbar seid.

Dann knien sie hin und beten an.
Ihr gähnt und haltet euch mit Mühe munter.
Zum Glück kommt dann und wann ein Mann
und holt euch von dem Sockel runter![235]

Richtige Männer, lässt sich im Umkehrschluss als Resümee ziehen, sind 'konsequent', werden "*wild*", verzichten nicht, sind 'unbescheiden', helfen nicht beim Einkauf, begehren... Das alles, erfahren wir am Ende des Gedichts, ist Voraussetzung für das Glück der Frauen, die eigentlich – so wird unterstellt – nur darauf warten, von so einem Prachtexemplar von Mann endlich "*von dem Sockel*" herunter geholt zu werden.

Als ein zynischer Mann kann auch der Sprecher in: "*An ein Scheusal im Abendkleid*"[236] gelten. Er beschimpft die angesprochene Frau, deren nackter Rücken seinem ästhetischen Empfinden als Zumutung erscheint, in einer sehr ausfälligen Weise:

(...)
Ich bitte Sie, mir zu verzeihen.
Man wird nicht schöner, wenn man älter wird.
Wer andrer Ansicht ist, der irrt.
Doch sie warn'n sicher schon als Kind zum Speien!

Aber damit nicht genug, die Beleidigung der Frau endet in der letzten Strophe mit den Worten: "*Zieh dir was an, du alte Gans!*"
Die Empörung über diese 'Zumutung' spiegeln die Schlusszeilen des Gedichts:

Der ganze Saal sitzt voller Klimakterien.
Und sowas gibt's! Und so was nennt sich: Ferien
eines noch ziemlich jungen Manns.

---

[235] Kästner, Schriften, Bd. 1. S. 293f.
[236] Kästner, Schriften, Bd. 1, S. 229f.

Die Anmaßung, die in diesen Aussagen steckt, wird auch nicht durch die anschließende Anmerkung gemildert:

> Die Bosheit des Autors scheint unberechtigt.
> Aber wer den Rücken nicht gesehen hat, kann gar nicht mitreden.

Vermuten aber lässt diese 'Anmerkung', dass sich hier Kästners Haltung mit der des lyrischen Ichs völlig deckt. Diese Haltung aber verrät, dass der Autor meint, Frauen seien Objekte, für ihn geschaffen, und er hätte das Recht, über sie nach Gutdünken zu bestimmen.[237]
Eine ähnlich verächtliche, intolerante Einstellung gegenüber Frauen[238] wird auch in "*Sogenannte Klassefrauen*" sichtbar:

> Sind sie nicht pfui teuflisch anzuschauen?
> Plötzlich färben sich die "Klassefrauen",
> weil es Mode ist, die Nägel rot!
> Wenn es Mode wird, sie abzukauen
> oder mit dem Hammer blauzuhauen,
> tun sie's auch. Und freuen sich halbtot.
>
> (...)
>
> Wenn's doch Mode würde, zu verblöden!
> Denn in dieser Hinsicht sind sie groß.
> Wenn's doch Mode würde, diesen Kröten
> jede Öffnung einzeln zuzulöten!
> Denn dann wären wir sie endlich los.[239]

---

[237] "Für Baal (..) sind Frauen (...) nichts anderes als poetische oder hormonelle Stimuli", schreibt Sloterdijk im Zusammenhang mit dem "Maskulinismus" Brechts. Sloterdijk, Kritik der zynischen Vernunft, S. 903 f.
Die Vorstellung von der ständigen Verfügbarkeit der Frau ist, das wird in Kästners Versen deutlich, nicht nur ein Mittel zur Stimulierung, sie bietet auch die Möglichkeit, in aggressiver und herablassender Form zu reagieren, wenn die Frau als Stimulans nicht in Frage kommt.

[238] Für diese ließen sich noch andere Beispiele finden. In diesem Zusammenhang soll ein kurzer Hinweis genügen: Im Gedicht: "Ganz besonders feine Damen" tröstet den Sprecher nur die Vorstellung, dass man sie "wie andere Frauen, verführen, verstehen und verhauen" kann. Kästner, Schriften, Bd. 1, S. 115.
Auch hier wird über Frauen in einer Weise gesprochen, die suggeriert, diese seien nur ein Werkzeug, dessen sich die Männer bedienen könnten, wie immer es ihnen beliebe.

[239] Kästner, Schriften, Bd. 1, S. 189f.

Die Schlussstrophe zeichnet sich durch ein hohes Maß an Aggressivität aus. Weshalb zu jeder Modetorheit bereite Frauen so viel Hass auf sich ziehen, wird aus dem Gedicht nicht deutlich.[240]

Der Vorwand, hier stellvertretend im Interesse anderer zu sprechen ("(...) dann wären wir sie endlich los."), erscheint als ein Akt der Anbiederung, verrät ein Schielen nach dem Beifall des Publikums. Da das Gedicht, den Vorurteilen des 'Mannes von der Straße' Rechnung tragend, diesem so richtig aus der Seele spricht, konnte sich Kästner der Zustimmung vieler Zeitgenossen gewiss sicher sein.[241]

- Glücklosigkeit zwischen Mann und Frau als Schicksal

Zufall und Schicksal erscheinen in Kästners Lyrik bestimmend für das Leben der Menschen, für Glück oder Unglück in Liebesbeziehungen.

Auch hier werden – ähnlich wie bei Tucholsky – die Schwierigkeiten im Umgang mit dem anderen Geschlecht als durch den Charakter der Liebe 'an sich' bedingt erfahren. In: "*Familiäre Stanzen*" heißt es: "*Beide sind beim gleichen Schicksal Kunden.*"[242] So wird auch der Verlust von Liebe als äußeres Verhängnis erfahren. Dies wird im Gedicht: "*Sachliche Romanze*" besonders deutlich:

---

[240] Es lässt sich vermuten, dass Kästner mit dieser vernichtenden Kritik seine Angst vor solchen Frauen verdecken wollte. Das lyrische Ich in: "Ganz besonders feine Damen" nennt einen Grund für seine Ablehnung den "Damen" gegenüber: "Man könnte sich denken, sie ließen die Männer alle erschießen und kniffen sie noch ins Skelett." Kästner, Schriften, Bd. 1, S. 114f.
"Für alle diejenigen, die an einem Minderwertigkeitskomplex leiden, gibt es einen Wunderbalsam: Niemand ist den Frauen gegenüber aggressiver oder herablassender als ein Mann, der seiner Männlichkeit nicht ganz sicher ist."
Beauvoir, Das andere Geschlecht, S. 18.

[241] Dirk Walter hat darauf verwiesen, dass Kästners Motivation, Rollengedichte zu schreiben, bereits die Überlegung des Autos, welche seine möglichen Leser seien, dokumentiere. Da, wo Rollenträger in einer ungebrochen positiven Weise abgebildet werden, würde dies den Kreis jener vergrößern, die sich in den Gedichten wiederfinden sollten. (Vgl. Walter, Zeitkritik und Idyllensehnsucht, S. 223.) Die "tatsächliche Wendung ins Spekulative, nach letztlich unkritischen Leserinteressen schielende, scheinkritisch anmutende Gestaltung" (Walter, Zeitkritik und Idyllensehnsucht, S. 227.), die er bei den Gedichten gegen sexuelle 'Perversion' anmerkt, findet sich sehr ausgeprägt in den Gedichten, in denen Frauen imaginiert werden.

[242] Kästner, Schriften, Bd. 1, S. 177f.

Als sie einander acht Jahre kannten
(und man darf sagen: sie kannten sich gut),
kam ihre Liebe plötzlich abhanden.
Wie andern Leuten ein Stock oder Hut.

Sie waren traurig, betrugen sich heiter,
versuchten Küsse, als ob nichts sei,
und sahen sich an und wußten nicht weiter.
Da weinte sie schließlich. Und er stand dabei.

(...)

(...)
Sie saßen allein, und sie sprachen kein Wort
und konnten es einfach nicht fassen.[243]

Dem Liebespaar in diesem Gedicht geht seine "*Liebe plötzlich abhanden. / Wie andern Leuten ein Stock oder Hut.*" V. Klotz hat in Zusammenhang mit diesen Versen von einem "*Befund der Beziehungslosigkeit*"[244] gesprochen. Aber an dieser Stelle wird auch noch etwas anderes deutlich: Es wird einfach als schicksalhaft angesehen, dass das Gefühl 'Liebe' verloren ging, gleichermaßen wie die Dinge, die man sonst braucht.
So etwas 'passiert' eben einfach, das ist der Tenor des Gedichts, wenn man dann auch fassungslos vor dieser Tatsache steht.[245] Damit wird der Mensch aus seiner Eigenverantwortung genommen, ist nur Spielball irgendwelcher 'dunklen' Mächte. Daraus folgt konsequenterweise, dass – da die Menschen selber Objekt sind – ihre Liebe ebenfalls verdinglicht sein muss. "*Sie wussten nicht weiter*" heißt es in der letzten Zeile der zweiten Strophe. Dies lässt sich auch auf die Rezipienten übertragen: Diese können auch nicht 'weiter' wissen, weil das Gedicht nicht vermittelt, woher dieser Verlust der Liebe rührt, durch welche Verhaltensweisen und Ereignisse er bedingt ist. So bricht das 'Schicksal' über die beiden Liebenden herein wie eine Naturkatastrophe, auf die man sich nicht einstellen konnte.

---

[243] Kästner, Schriften, Bd. 1, S. 111.
[244] Klotz, lyrische Anti-Genrebilder, S. 495.
[245] K.A. Horst schreibt in diesem Zusammenhang: "Hinter jeder bitteren Einsicht verbirgt sich zugleich ein fassungsloses Staunen, ein vom Himmel gefallen sein. 'Sie saßen allein (...) und konnten es einfach nicht fassen' heißt es in der 'sachlichen Romanze'. Auch hier die Vertreibung aus dem Paradies, das auf unfaßliche Weise abhanden kam. Das Bewegende an diesem Gedicht ist der Grundton kindlicher Enttäuschung." K.A. Horst: Erich Kästner: Naivität und Vernunft. (In: Merkur 13, 1959, S. 1181.)

Antwort auf die Frage nach Gründen für den Verfall von Liebesbeziehungen aber wird nirgendwo gegeben. Möglichkeiten für Veränderung werden nicht sichtbar. Zu dem Gegebenen gibt es keine wirklichen Alternativen. In: "*Möblierte Melancholie*" wird deutlich, dass es nur negative Alternativen sind, zwischen denen wir wählen können: "*Nur die Ehe kann den Zustand ändern. Doch die Ehe ist ja noch viel schlimmer.* "[246] Dies konstatiert der Sprecher des Gedichts, der sein trostloses Junggesellendasein satt hat.
Auch das Gedicht: "*Gewisse Ehepaare*" scheint auf den ersten Blick eine Kritik an der Institution 'Ehe' zu leisten. Aber bei genauer Untersuchung erweist sich, dass es sich hier nicht um eine Abrechnung mit der bürgerlichen Institution handelt. Nicht, dass das staatlich verordnete ständige und lebenslange Zusammensein Spontaneität auf Dauer unmöglich werden lässt, wird kritisiert, sind es doch schließlich nur "*Gewisse Ehepaare*", über die gesagt wird:

> (...)
> Vom Anblick ihrer Seelen und Krawatten
> wurden sie bös.
>
> (...)
>
> Sie lebten feig und wurden unansehnlich.
>
> (...)
>
> Sie wurden stumpf wie Tiere hinterm Gitter.
> Sie flohen nie.
> (...) [247]

Die Verantwortung für den geschilderten Zustand wird also nicht bei der Institution 'Ehe' gesehen, sondern den betroffenen Individuen zugeordnet. Hinter "*Gewisse Ehepaare*" steht lediglich die These:

> "Wer heiratet, muß um die Gefahren ständigen Beisammenseins wissen, die Liebe muß so stark sein (...), damit Monotonie sich nicht erst einstellt."[248]

Nirgendwo ist in diesen Texten ein Vorschein des Glücks. Das einzige Gedicht, das eine glückliche Liebesbeziehung zum Thema hat, heißt bezeich-

[246] Kästner, Schriften, Bd. 1, S. 159f.
[247] Kästner, Schriften, Bd. 1, S. 208f.
[248] Walter, Zeitkritik und Idyllensehnsucht, S. 171.

nenderweise "*Modernes Märchen*". Glückserfahrungen, macht der Titel schon deutlich, werden nicht mehr als real möglich betrachtet. Intensive Gefühle können nicht erlebt, sondern nur noch phantasiert werden: "*Sie waren so sehr ineinander verliebt, / wie es das nur noch in Büchern gibt.*"[249]

Die aus dieser Einsicht resultierende Resignation führt bei Kästner zur Verbitterung.[250] Er konstruiert eine "*fatale Welt*"[251], die er in allen Konkretisationsformen darzustellen versucht.

"*Die moralische Minderwertigkeit des Menschengeschlechts*"[252] wirkt sich folgerichtig auch auf das Verhältnis der Geschlechter aus. Davon aber fühlt Kästner – betrachtet man Gedichtinhalte und deren ästhetische Vermittlung – sich nicht involviert. Vielmehr empfindet er sich als außenstehenden, objektiven Beobachter, dem die Aufgabe zukommt, durch seine literarischen Attakken seine Mitmenschen aufzuklären.

---

[249] Kästner, Schriften, Bd. 1, S. 286f.

[250] Das Gedicht "Die Welt ist rund" drückt diesen Zustand sehr genau aus. "Du darfst dich nicht zu oft bewegen lassen, den andern Menschen ins Gesicht zu speien. Meist lohnt es nicht, sich damit zu befassen. Sie sind nicht böse. Sie sind nur gemein."
Kästner, Schriften, Bd. 1, S. 61f.

[251] Vgl. Lethen, Neue Sachlichkeit, S. 145. Lethen verwendet diesen Begriff immer im Zusammenhang mit dem Roman "Fabian", er ist jedoch auch in unserem Kontext anwendbar.

[252] Walter, Zeitkritik und Idyllensehnsucht, S. 17.

2.6 Die männliche Perspektive als affirmatives Element - Kästner im Vergleich mit Mascha Kaléko

Um die spezifisch männliche Komponente in Kästners Gedichten besser verdeutlichen zu können, stelle ich im Folgenden Gedichte von Mascha Kaléko Gedichten Kästners gegenüber, und zwar solche, die eine ganz ähnliche oder sogar identische Thematik haben.

Mascha Kaléko, eine Zeitgenossin Kästners, errang literarischen Ruhm im Berlin der Dreißiger Jahre. Ihre Gedichtbände erleben in den letzten Jahren eine Renaissance.[253]

In mehreren Gedichten schildert Mascha Kaléko die Konfrontation mit einer "*alten*" Liebe ("*Jugendliebe a. D.*", "*Auf eine Leierkastenmelodie*", "*Das Ende vom Lied*").[254]

Um eine solche Begegnung geht es auch in dem Gedicht "*Liebe, da capo...*":

> Auf einmal also bist du wieder da,
> Und jeder brave Vorsatz ist verloren.
> Ich hatte es mir diesmal zugeschworen;
> ... Und kämst du selbst aus Innerafrika:
>
> Aus und vorbei! – Doch schon ist es zu spät.
> Nun sitz ich, wie das heißt, in deinen "Netzen".
> Man sollte meine Seele strafversetzen
> In ein Revier, das dir nicht untersteht.
>
> Wußt ich denn nicht, daß es sehr ratsam ist,
> Dich mit gut eingeübter Kühle fortzutreiben?
> Wie aber soll ich denn vernünftig bleiben,
> Wenn du mir leider so sympathisch bist?!
>
> Als wäre nichts geschehn, tauchst du nun auf,
> mein kleines bißchen Ruhe zu zerstören.
> Es ist so schwer, das Böse abzuwehren.
> - Ich geb es auf

---

253 Mascha Kaléko: Das lyrische Stenogrammheft (1933), Kleines Lesebuch für Große (1934). Hamburg 1983.

254 Kaléko, Das lyrische Stenogrammheft, S. 51, S. 135 und S. 50.

Und weiß: ein Herz, das man schon mal verlor,
Reist nur noch in getragenen Gefühlen.
Und, während wir noch einmal "Liebe" spielen,
bereit ich mich zum nächsten Abschied vor.[255]

Ohne Pathos beschreibt die Sprecherin des Gedichts sehr direkt den Widerspruch zwischen gefasstem Vorsatz und aktuellem Gefühl, den diese erneute Begegnung bei ihr auslöst. Ironisch ("*Man sollte meine Seele strafversetzen*") und selbstkritisch ("*wußt ich denn nicht, (...)")* geht das lyrische Ich mit der Situation um. Es versteht es, ohne Sentimentalität auszukommen, ohne Selbstmitleid seine Betroffenheit zu beschreiben.

Das gleiche Thema bei Kästner in "*Repetition des Gefühls*":

Eines Tages war sie wieder da ...
Und sie fände ihn bedeutend blässer.
Als er dann zu ihr hinübersah,
meinte sie, ihr gehe es nicht besser.

Morgen abend wolle sie schon weiter.
Nach dem Allgäu oder nach Tirol.
Anfangs war sie unaufhörlich heiter.
Später sagte sie, ihr sei nicht wohl.

Und er strich ihr müde durch die Haare.
Endlich fragte er dezent: "Du weinst?"
Und sie dachten an vergangne Jahre.
Und so wurde es zum Schluß wie einst.

Als sie an dem nächsten Tag erwachten,
waren sie einander fremd wie nie.
Und so oft sie sprachen oder lachten,
logen sie.

Gegen Abend mußte sie dann reisen.
Und sie winkten. Doch sie winkten nur.
Denn die Herzen lagen auf den Gleisen,
über die der Zug ins Allgäu fuhr.[256]

---

[255] Kaléko, Das lyrische Stenogrammheft, S. 76.
Da capo: Musikalischer Ausdruck für 'wiederholen!' 'Von Anfang an!'.

[256] Kästner, Schriften, Bd. 1, S. 139.

Dieses Gedicht wirkt viel indirekter und distanzierter. Es "*spiegelt die Leblosigkeit des Dialogs*".[257] Kästner wählt die dritte Person. Der Sprecher bleibt Beobachter und ist nicht Betroffener. 'Sie' machen einen Versuch, das zu ändern. Bei Mascha Kaléko heißt das: "*noch einmal 'Liebe' spielen*", bei Kästner dezent: "*Und so wurde es zum Schluß wie einst.*"
Entfremdung hier wie da, die Art freilich, sie darzustellen, ist grundlegend verschieden. Das lässt sich anhand der letzten Strophe besonders deutlich zeigen:

<u>Kästner</u>:

Gegen Abend mußte sie dann reisen
Und sie winkten. Doch sie winkten nur.
Denn die Herzen lagen auf den Gleisen,
über die der Zug ins Allgäu fuhr.

<u>Kaléko</u>:

Und weiß, ein Herz, das man schon mal verlor,
Reist nur noch in getragenen Gefühlen.
Und, während wir noch einmal "Liebe" spielen,
bereit ich mich zum nächsten Abschied vor.

Statt der umgangssprachlichen Formulierung 'die Gefühle bleiben auf der Strecke' wird das drastische Bild der "*Herzen*", die "*auf den Gleisen*" lagen, gewählt. Damit gelingt eine Wendung ins Tragische. Ihnen "*winkte(.) nur*" das Unglück. Auch hier, wie so oft bei Kästners Gedichten: Ausgeliefertsein, Fassungslosigkeit, Ohnmacht; Wehmut und Weltschmerz beschleichen den Leser.[258] Die leeren Gesten trösten nicht.
Anders verhält es sich bei Mascha Kaléko. Ihr lyrisches Ich "*weiß*", dass es unter diesen Umständen keinen neuen Anfang geben kann und stellt sich auf das Kommende ein. Hier ist keine 'höhere Gewalt' am Werke, hier schlägt kein 'Schicksal' blind zu.
Hier agiert ein lyrisches Ich, das sich eigenverantwortlich fühlt. Selbst die Resignation "*ich geb es auf*" wird als eine in dieser Situation mögliche Aktionsform gesehen. Im Gegensatz zu Kästner verzichtet sie auf jede Effekthascherei, Ihre Gedichte haben nichts 'Lautes', gehen stiller und damit auch zärtlicher mit den Menschen um, von denen sie sprechen.

[257] Walter, Zeitkritik und Idyllensehnsucht, S. 167.
[258] Als weiteres Beispiels für diese Wirkung von Kästners Gedichten dient auch "Sachliche Romanze"

Eine weitere Vergleichsmöglichkeit ist anhand des Gedichts "*Plädoyer einer Frau*" von Kästner mit "*Auf eine Leierkastenmelodie ...*" von Mascha Kaléko gegeben. Auch hier sind es zwei Gedichte von verblüffend ähnlicher Thematik, jedoch von unterschiedlichem Tenor.

Die Ausgangssituation ist identisch: Das Auftauchen des ersehnten 'Traummannes' im Leben der Frau zu einem zu späten Zeitpunkt. In beiden Fällen löst diese Konfrontation eine Reflexion über das bisherige Leben aus. In Kästners (an anderer Stelle bereits ausführlich interpretiertem) Gedicht spricht das lyrische Ich von seiner Vergangenheit in einer Art und Weise, die man mit einem geflügelten Wort 'Warten auf den Märchenprinzen' nennen könnte. Es scheint nichts Positives geschehen zu sein in all den Jahren, Öde und Leere bestimmten die Existenz. Mit "*fremden Leuten*" und gleichzeitig als passiver Beobachter "*vom Fenster aus*" musste die Zeit verbracht werden. Das 'große Glück' scheint nur von außen kommen zu können.
Die hier durchscheinende Ideologie, zur wahren Erfüllung eines Frauenlebens bedürfe es nur des 'richtigen' Mannes ("*und fünf von denen wären noch kein Mann*"), verrät traditionelle, klischeehafte Vorstellungen in diesem Bereich. Auch scheint der Lebensverlauf vom 'Schicksal' abhängig. Sich mit dem Gegebenen abzufinden, ist die scheinbar einzig mögliche Reaktion. Selbst das unerwartete Auftauchen des 'richtigen' Mannes aber kann nicht mehr die lang ersehnte Erfüllung bringen, denn – so suggeriert das Gedicht – einer Frau 'mit Vergangenheit' kommt die Befähigung zum Glücklichsein abhanden ("*Was war, das bleibt, wie soll ich mich erneuern*"), so dass späte Liebe nicht mehr als positive Kraft wirken kann. Ausweglosigkeit wird sichtbar; der defensive Ton der Sprecherin verrät ihre Schuldgefühle dem Mann gegenüber und ihr Leid.
Das Gedicht spiegelt Wirklichkeit, ohne sie in Frage zu stellen, weil keine Zusammenhänge aufgedeckt werden,[259] aber die Leserin kann daraus die Lehre ziehen, sich 'aufzusparen' für den 'Einen', einen moralischen Lebenswandel

[259] Walter Leonhardt schreibt zu diesem typischen Merkmal der Lyrik Kästners: "Kästners Geschichten in Vers und Prosa sind oft ganz einfach traurig und in ihrer Traurigkeit völlig unabhängig von gesellschaftlichen Zusammenhängen, total unkorrigierbar."
Walter Leonhardt: Sachlich um der Leser willen. (In: Marcel Reich-Ranicki (Hrsg.): Frankfurter Anthologie, Bd. 2, Frankfurt/Main 1977, S. 168 f.)

zu führen, um nicht das gleiche traurige Schicksal wie die Sprecherin des Gedichts zu erleiden.
Es ist auch nicht zu übersehen, welche Wirkung das Gedicht bei einem bornierten männlichen Leser erzeugen kann: Ihm dient es zur Steigerung seines Selbstwertgefühls, denn die vorgeführte Abhängigkeit der Frau von der Begegnung mit dem 'richtigen' Mann - der allein als Identifikationsfigur in Frage kommt - bestätigt ihm doch seine Überlegenheit gegenüber Frauen.

Anders die Position der Frau in Mascha Kalékos Gedicht: "*Auf eine Leierkastenmelodie* ...":

> Du kamst nur um einige Jahre zu spät,
> Und ich konnte so lange nicht warten.
> Alle Blumen, die ich, dich zu grüßen, gesät
> Sind verwelkt nun in meinem Garten.
>
> Tag um Tag, Jahr um Jahr hab ich nach dir gespäht.
> Doch da warst du auf endlosen Fahrten.
> Meine Sehnsucht verstummte, mein Lied ist verweht,
> Und nun kommst du um einige Jahre zu spät,
> Denn ich konnte so lange nicht warten.
>
> Sag, so warst du, als Frühling im Lande noch war,
> Als das Glück vor den Toren noch stand,
> Als die Tage voll Licht und die Nächte so klar,
> Sag wo warst du, als ich frohe Zwanzig noch war
> Und noch frei war mein Herz, mein die Hand.
>
> Sieh, nun ist meine Liebe erloschen und müd
> Wie die Sonne im Herbst, die nur scheint und nicht glüht,
> Und es silbert mein goldenes Haar.
>
> Laß dein Boot fest am Ufer, an dem es nun steht.
> Denn nun kommst du um einige Jahre zu spät,
> Und es wird nie mehr so wie es war ...[260]

Hier macht das lyrische Ich deutlich, dass es nicht nur um den 'Einen' geht und „das Wunderbare" eben nur zur richtigen Zeit möglich und erwünscht ist. "*Du kamst nur um einige Jahre zu spät.*": Mit dieser sehr spöttischen Feststellung beginnt das Gedicht. Anhand von Naturmetaphern[261] (in der traditionellen Liebeslyrik sehr häufig verwendete Topoi) versucht die Sprecherin zu erklären, weshalb sie "*so lange nicht warten*" konnte. In der dritten Zeile der

---

[260] Kaléko, Das lyrische Stenogrammheft, S. 135.
[261] "Blumen säen", "Garten", "Frühling", "Sonne im Herbst", "Boot am Ufer"

zweiten Strophe wird der Eingangssatz des Gedichts wieder aufgegriffen, die Aussage wird aus dem Präteritum ins Präsens geholt und so Unmittelbarkeit hergestellt. Zudem erfährt der Satz eine fast gleiche Ergänzung wie der Eingangssatz, abweichend ist nur, dass statt des verbindenden "*und*" nun das begründende "*denn*" verwendet wird. Die modifizierte Repetition des Anfangsverses macht formal bereits deutlich, dass hier ein inhaltlicher Einschnitt folgt.

In der dritten Strophe ändert sich die Haltung des lyrischen Ichs, es kommt ein neuer Ton ins Gedicht. Waren die ersten beiden Strophen noch Erklärungsversuche dafür, weshalb es nun "*zu spät*" für ein gemeinsames Glück sei (eine Haltung, die es mit dem lyrischen Ich von Kästners Plädoyer teilt), fordert die Frau nun eine Rechtfertigung vom Mann: "*Sag, wo warst du*". Durch die Wiederholung dieser Frage zwei Zeilen danach wird der Appellcharakter besonders deutlich. Dem 'Du' des Gedichts wird damit Verantwortlichkeit zugewiesen, zur rechten Zeit (als "*noch frei war mein Herz, mein die Hand*") abwesend gewesen zu sein ("*auf endlosen Fahrten*").

Damit findet – und das ist wesentlich – eine Verschiebung der Rechtfertigungslast statt. Die Frau geht in die Offensive und erhebt Vorwürfe gegen den Mann.

Auch Mascha Kalékos Gedicht verkennt nicht die Tragik der Situation, auch hier schwingt Wehmut und Trauer ("*und es wird nie mehr so wie es war*") über die Unwiederbringlichkeit von Glück mit, aber anders als bei Kästner ist dies in ihren Zeilen gepaart mit der Erkenntnis, dass zur Verwirklichung von Glücksverheißungen immer zwei gehören. Zudem relativiert das Gedicht auch die Bedeutung der 'großen Liebe'. Selbst ihr Ausbleiben verhindert nicht "*Tage voll Licht und (...) Nächte so klar*" und tut der Möglichkeit keinen Abbruch, "*frohe Zwanzig*" gewesen zu sein.

Ein weiteres Phänomen erscheint im Zusammenhang mit den beiden eben verglichenen Gedichten erwähnenswert: Kästners Gedicht zeichnet sich durch einen für die traditionelle Liebeslyrik ungewöhnlichen Sprachgebrauch unter Verzicht auf herkömmliche Bilder aus, während Mascha Kalékos Gedicht seine Metaphern traditionellen Formen entlehnt. Es vermittelt jedoch auf der Folie vertrauter Stilmittel neue Inhalte, die tradiertes Gedankengut in Frage stellen, während Kästners 'Konventionsbruch' sich vor allem im formalen

Bereich abspielt, das Schockierende mehr im 'Wie' der Vermittlung stecken bleibt und die transportierten Inhalte tradiertes Gedankengut und herrschende Ideologie widerspiegeln.
So sind die Vorgehensweisen der beiden Autoren diametral entgegengesetzt. Scheint Kästners virtuose Fähigkeit, durch gekonnte Sprachspielereien zu faszinieren, ein 'Schielen nach Wirkung' zu beinhalten, so werden Kalékos Verse durch die Verbindung von Konventionalität und Authentizität dem hohen Anspruch von Gebrauchslyrik weitaus eher gerecht als Kästners Verse.

2.7 Historischer Hintergrund

Im Folgenden soll ein Exkurs über das Kabarett der Weimarer Republik Einblick in die Kulisse vermitteln, in der einige der hier untersuchten Gedichte zu sehen sind.
Daran anschließend soll in einem Exkurs über die Sexualmoral in der Weimarer Republik das soziokulturelle Klima näher beleuchtet werden, in dem Kästner und Tucholsky ihre Vorstellungen vom Verhältnis der Geschlechter entwickelt haben.

2.7.1 Exkurs: Anmerkungen zum Kabarett der Weimarer Republik

Für ein volles Verständnis der (in Punkt 2.4.2.) interpretierten Lieder mit eindeutig primärer Unterhaltungsfunktion ist es notwendig, in einem kurzen Exkurs auf die Geschichte des Kabaretts in der Zwischenkriegszeit und – noch kürzer – auf dessen Vorgeschichte hinzuweisen. Nur eine Berücksichtigung der Wirkungsintention unter den spezifischen Rezeptionsbedingungen des Kabaretts kann eine über die Lebens- und Gefühlslage des Autors betreffende Spekulationen hinausgehende Erklärung für die Liebeslieder Tucholskys und einer Reihe literarischer Chansons Kästners der gleichen Qualität liefern.

Das Kabarett der Weimarer Republik konnte auf keine lange Tradition zurückgreifen, aber immerhin gab es in Deutschland derartige Kleinkunst-Theater schon seit der Jahrhundertwende. Vom französischen Vorbild[262] inspiriert wurden 1901 in Berlin das "*Überbrettl*" und in München "*Elf Scharfrichter*"[263] (in welchem Frank Wedekind auftrat) eröffnet. Letzterem, das übrigens schon nach vier Jahren seine Pforten wieder schließen musste, folgte 1903 der "*Simplicissimus*". Eine gewisse Gewöhnung des Publikums an Einrichtungen dieser Art – es gab viel mehr, als die drei hier Genannten – kann

[262] Vgl. Heinz Greul: Bretter, die die Zeit bedeuten. Die Kulturgeschichte des Kabaretts. Durchges. und erw. Auflage, Bd. 1, München 1971, S. 55 - 57.
Klaus Budzinski: Die Muse mit der scharfen Zunge. München 1961, S. 21 - 32.

[263] Vgl. zum folgenden Ruttkowski, Das literarische Chanson in Deutschland, S. 54 - 68.
Vgl. Budzinski, Die Muse mit der scharfen Zunge, S. 33 - 65.
Vgl. Greul, Bretter, die die Zeit bedeuten, S. 77 - 150.

also vorausgesetzt werden. Die Namen der Chanson-Beiträger Ludwig Scharf, Frank Wedekind und, nicht zu vergessen, Erich Mühsam, bürgen dafür, dass Kabarett schon in der Kaiserzeit nicht nur reine Unterhaltung, sondern schon auch kritische Kleinkunst bedeutete, auch wenn, wie Theodor Heuss als Kenner
des Schwabinger Milieus anmerkte, "das wesenhaft Politische (...) nicht vertieft" war.[264]

In der Nachkriegszeit[265] wird nun Berlin eindeutig Zentrum der 'Kabarettbewegung'. Insgesamt kommt es im Raum entstehender demokratischer Freiheit zu einer außerordentlich großen Zahl von Kabarettgründungen. Und – was noch wichtiger ist: "*Die Aufhebung der Vorzensur im November 1918 machte dem Kabarett den Weg zur Zeitsatire im großen Stil frei.*"[266] "*Das Kabarettjahrbuch 1922 verzeichnet allein in Berlin 38 Kabaretts und rund 140 Kabarett-Unternehmungen in anderen deutschen Städten.*"[267] Vier "*Unternehmungen*" sind in unserem Zusammenhang erwähnenswert: Das von Max Reinhardt gegründete Kabarett "*Schall und Rauch*", im Keller des Großen Schauspielhauses untergebracht und unter anderem mit der Aufgabe betraut, das 'oben' ernsthaft (und meisterhaft) von Reinhardt Inszenierte 'unten' ironisch-satirisch' zu spiegeln; dann Trude Hesterbergs "*Wilde Bühne*" und Rosa Valettis "*Größenwahn*". Die Namen der beiden letztgenannten Kabarettgründerinnen sind auch zu verstehen als die Namen der zwei hervorragendsten Chanson-Interpretinnen, zu denen sich noch die Diseuse Gussy Holl gesellte, die im "*Schall und Rauch*" vor allem Lieder von Tucholsky vortrug. Kurt Tucholsky schrieb auch leicht konsumierbare Chansons für eine weitere wichtige Kabarett-Attraktion dieser Zeit: Die (Rudolf) Nelson-Revuen (dort gesungen von Käthe Erlholz.) Kästners Debüt als Kabarettdichter erfolgte in der "*Wilden Bühne*". Es ist wichtig, nicht zu übersehen, dass die meisten Ka-

---

264 Greul, Bretter, die die Zeit bedeuten, S. 145.

265 Vgl. zum Folgenden Lisa Appignanesi: Das Kabarett (1975. Stuttgart 1976, S. 90 –104.
Budzinski, Die Muse mit der scharfen Zunge, S. 104 - 167.
Reinhard Hippen: Kabarett zwischen den Kriegen. (In: Keith Bullivant: Das literarische Leben in der Weimarer Republik, Königstein/Taunus 1978, S. 89 - 113.)
Greul, Bretter, die die Zeit bedeuten, S. 185 - 283.
Rainer Otto und Walter Rösler: Kabarettgeschichte. Abriß des deutschsprachigen Kabaretts. Berlin 1977, S. 77 - 92.

266 Budzinski, Die Muse mit der scharfen Zunge, S. 102.

267 Otto/Rösler, Kabarettgeschichte, S. 77.

baretts der Weimarer Republik reine Amüsierbetriebe waren, die – ohne jeglichen kritischen Anspruch – dem gut zahlenden Gast nur Unterhaltungsware lieferten. Doch auch die oben genannten Lokale brachten die unterschiedlichsten Lieder und fallen sicherlich zum Teil noch unter das damals gebräuchliche Etikett "*Amüsierkabarett*".[268] "*Erst im modernen deutschen Kabarett sind fast alle Nummern politisch.*"[269] Doch das lebensnotwendige Interesse an Befriedigung des Unterhaltungsbedürfnisses des Publikums wurde im "*Schall und Rauch*" etwa eindeutig dem literarischen und zeitkritischen Anspruch untergeordnet. Man machte sich jedoch keine Illusionen darüber, was das Publikum in den Lokalen am ehesten suchte:

> "Was interessiert das Publikum?
> Reparationen, Sanktionen, Inflationen?
> I wo, Boxkämpfe, Prenzel und Breitensträter,
> das interessiert das Publikum!
> Was interessiert das Publikum?
> Hunger, Elend, Not von Millionen?
> Daß Tausende im Zuchthaus verrecken?
> I wo, der nackte Hintern der Anita Berber,
> der interessiert das Publikum!" [270]

Wer das Publikum in dieser Weise anspricht, hofft natürlich, dass es sich doch auch noch für anderes interessiert als für die zuletzt in diesem Lied angesprochene 'deftige' Unterhaltung. Aber das Satirisch-Kritische muss in ansprechender Verpackung dargeboten werden, anders gesagt: Einen aufklärerischen Anspruch kann auch nur in Ansätzen durchhalten, wer leichte Amüsier-Chansons als Köder für zeitkritisch-literarische Lieder nicht scheut. Warum hat etwa Tucholsky, der doch oft genug die 'leichte Muse' polemisch angegriffen hat,[271] Lieder wie "*Lied fürs Grammophon*", "*Herz mit einem Sprung*" etc. geschrieben und schreiben können, ohne darüber an seinem 'literarischen Gewissen' verzweifeln zu müssen? Um dies zu verstehen, reicht es nicht aus, darauf hinzuweisen, dass all dies ja nur "*Nebenprodukt seiner*

[268] Budzinski weist darauf hin, dass "sich mit den fortschreitenden Zwanziger Jahren die Grenzen zwischen literarischem und Amüsierkabarett mehr und mehr verwischten." Budzinski, Die Muse mit der scharfen Zunge, S. 111.

[269] Ruttkowski, Das literarische Chanson in Deutschland, S. 7.

[270] Kurt Tucholsky, zitiert in: Greul,"Bretter, die die Zeit bedeuten" S. 213.

[271] Vgl. Karl Riha: Moritat, Bänkelsang, Protestballade. 2. durchges. und erw. Auflage, Königstein/Taunus 1979, S. 113.

kämpferischen Publizistik" sei.[272] Wichtiger scheint zu sein, dass das Aufführungsmedium Kabarett wohl gerade solche Chansons brauchte, quasi als 'Entlastungsfaktoren' für andere, deutlich zeitkritische Lieder, an die man das Publikum heranführen wollte. Budzinski deutet dies an, freilich nur auf die Autorintention bezogen:

> "Er (Tucholsky) kannte sein Publikum und spürte, wie er ihm etwas sagen mußte, daß es zuhörte und den eigentlichen Sinn begriff. Da biederte er sich um des guten Zwecks willen auch gern einmal ein bißchen an." [273]

So sang Gussy Holl im "*Schall und Rauch*" zwar "*Zieh dich aus, Petronella!*" aber auch vielleicht im gleichen Programm "*Wenn der Mond, wenn der Mond*", d.h., auf das leicht tändelnde Chanson folgt eines, das harte Kritik an den damaligen SPD-Führern übt. Das gilt ansatzweise sogar für die Revuen von Rudolf Nelson, für den Tucholsky "*Chansons eingestandenermaßen am liebsten schrieb*":

> "Im übrigen konnte Tucholsky auch bei Nelson wenigstens in einer einzigen Nummer politisch werden, sie wurde, der Aktualität wegen, alle sechs Wochen durch eine neue ersetzt, auch wenn das Programm durchlief." [274]

So werden "*ausgelassene (...) Gelegenheitsarbeiten*"[275] mit reiner Unterhaltungsfunktion zu Transportmitteln für Lieder ausgesprochen kritischen Gehalts. Damit wird einerseits dem Bedürfnis des Publikums nach Amüsement entsprochen, andererseits – zumindest war dies wohl die Hoffnung des anspruchsvolleren Kabaretts – aber wird das Publikum zur Rezeption aufklärerisch-kritischen Gedankenguts gebracht. Karl Riha hat in seiner Interpretation von "*Mal singen, Leute -!*" aus dem Jahre 1924 gezeigt, dass dieses doppelseitige Spiel von Tucholsky auch als literarische Technik in einzelnen Liedtexten angewendet wird.[276]

Die Intention des vorsichtigen Hinleitens zu zeitkritischen Gedanken war auch Kennzeichen dieser Kabarettprogramme überhaupt.

---

[272] Vgl. Budzinski, Die Muse mit der scharfen Zunge, S. 127.
[273] Budzinski, Die Muse mit der scharfen Zunge, S. 127.
[274] Budzinski, Die Muse mit der scharfen Zunge, S. 148.
[275] Ruttkowski, Das literarische Chanson in Deutschland, S. 118.
[276] Riha, Moritat, Bänkelsang, Protestballade, S. 11-16.

Auch Kästner spielte im Kabarett der Weimarer Republik eine wichtige Rolle. Eine Anzahl seiner Gedichte sind zugleich Chansons.[277] Kästners zuerst in Tageszeitungen erschienene und von ihm selbst auch nicht für die Bühne gedachten Gedichte fanden schnell Eingang ins Kabarett.[278] Seine Rollenlyrik hatte große Eignung für das Kabarett: Hier konnten die porträtierten Typen in angemessenem Rahmen präsentiert werden. Bekannte Interpretinnen wie beispielsweise Trude Hesterberg brachten seine Verse zum Vortrag (z.B. "*Ganz besonders feine Damen*", "*Ballgeflüster*".) Seine Gedichte machen die Zielsetzung des literarischen Chansons deutlich. "*Die doppelte Ebene des Vordergründig-Hintergründigen*"[279], die durch Wortspiele und Andeutungen entsteht, kennzeichnet das dafür verwendete Verfahren. Das Anliegen dieses Genres hat J.O. Biermann, selbst einer der Initiatoren des literarischen Chansons in Deutschland in den "*Brettlliedern*", dem ersten Sammelbändchen deutscher Chansons, verdeutlicht:

> "Wir haben ja Kunst für das Varieté zusammengestellt. Da möchte und mußte das Schrille neben dem Zarten, das Ausgelassene neben dem Ernsten, heißes Gefühl neben Tändelei, Sentimentalität und Ironie nebeneinander stehen (...). Wir (wollen) Gedichte schreiben, die nicht nur im stillen Kämmerlein gelesen werden (...). Angewandte Lyrik – da haben sie unser Schlagwort. Aus diesen Worten kann man die ästhetischen Gesetze des Chansons, wie wir es meinen, ziehen. Es müssen Lieder sein, die gesungen werden können, das ist das erste. Das zweite (...) ist, daß sie für eine Menge gesungen werden können, die nicht etwa (...) darauf aus ist 'große Kunst' kritisch zu genießen, sondern die ganz einfach unterhalten werden will"[280]

Diesem Anspruch aber genügte Kästners Lyrik in bester Weise. Seine Erfolge resultierten daraus, dass die in den Gedichten vorfindbare Mischung von Witz, Sarkasmus und Gefühl eine ungewohnte war.

---

[277] Vgl. Greul, Bretter, die die Zeit bedeuten, S. 307.

[278] Vgl. Jan Herchenröder: Gutes Kabarett in schlechter Zeit. Was Erich Kästner dafür tat. (In: Rudolf Wolff (Hrsg.): Erich Kästner. Werk und Wirkung. Sammlung Profile 1, Bonn 1983, S. 45ff.)

[279] Wilpert, Sachwörterbuch der Literatur, S. 126f.

[280] Zitiert nach Ruttkowski, das literarische Chanson in Deutschland, S. 16.

Provokation durch das Brechen gesellschaftlicher Tabus war bei ihm wie bei Tucholsky intendiert.[281] Die Art der Provokation aber ist unterschiedlich. Zwar ist anzunehmen, dass sich in der Weimarer Republik Frauenverbände über Kästners Verse und deren Aufführung im Kabarett empörten, weil ihnen bereits die Darstellung eines Themas wie 'Sexualität' als Skandal erschien, aber selbst heute noch liegt in manchen seiner Gedichte eine Provokation. Diese besteht darin, dass Kästner in seinen Versen oft Frauen in einer Art und Weise vorführt, die nur sexistisch[282] genannt werden kann, ob dies in Büchern oder im Rahmen des Kabaretts geschieht, spielt keine Rolle. Die Vorurteilshaltung, die darin besteht, "*sich aufgrund des eigenen männlichen Geschlechts für besser, klüger und wichtiger als Frauen zu halten*",[283] und aus der das Recht abgeleitet wird, über diese nach Gutdünken zu verfügen ("*verführen, verstehn und verhauen*")[284] ist aus vielen seiner Gedichte klar ersichtlich.

2.7.2 Exkurs: Zur Sexualmoral in der Weimarer Republik

Folgende Anmerkungen Brechts zur Dreigroschenoper geben einen Hinweis darauf, dass die Umbruchsituation der Zwanziger Jahre alle kulturellen und sozialen Bereiche erfasste und damit auch Auswirkungen auf das Sexualleben hatte.

---

[281] Jan Herchenröder schreibt dazu. "Gift und Galle spuckten (...) der Nationalverband deutscher Offiziere, der Verband deutscher Akademiker (...), auch gab es einen Dahlemer Frauenbund sowie einen Frauen- und Mädchenbund für sittliche Reinheit (...), die sich über Kästners Gedichte empörten. Das ehrte ihn."
Herchenröder, Gutes Kabarett in schlechter Zeit, S. 45f.

[282] Zum Begriff Sexismus: "offener Sexismus sind alle Äußerungen (...), mit denen Männer Frauen zu verstehen geben, wo ihr Platz ist (...) und wozu sie überhaupt auf der Welt sind". Frauenhandlexikon: Stichworte zur Selbstbestimmung. Hrsg. Von Johanna Beyer, Franziska Lamott und Birgit Meyer, München 1083, S. 261.

[283] Frauenhandlexikon, S. 260.

[284] Dies ist die Schlusszeile des Gedichts: "Ganz besonders feine Damen".
Kästner, Schriften, Bd. 1, S. 115.

> "Das Geschlechtliche in unserer Zeit gehört unzweifelhaft in den Bezirk des Komischen, denn das Geschlechtsleben steht in einem Widerspruch zu dem gesellschaftlichen Leben (...)"[285]

Die sexuelle Libertinage der Frau, die in dieser Arbeit bereits Erwähnung fand, ist nicht Ausdruck der Frauenbefreiung, sondern wurde durch ökonomische Entwicklungen bedingt. Das Eindringen der Frau in die Arbeitswelt, einem bisher männlichen Reservat, war notwendig geworden, weil die Massenproduktion, die Automatisierung und Rationalisierung in Industrie und Wirtschaft ein großes Heer von Angestellten erforderlich machte.

> "In dieser Zeit wurden die traditionellen Institutionen der Sexualfeindschaft, Kleinbetrieb und Familie, erschüttert. Mit dem Zwang zu kollektiver Arbeit und der zunehmenden Eingliederung der Frau in den industriellen Produktionsprozeß war der 'moralische Zersetzungsprozeß' unaufhaltsam."[286]

Diese Eingliederung der Frau hatte Konsequenzen verschiedener Art:

- Sie brachte die traditionelle Rolle des Mannes als Ernährer der Familie ins Wanken,
- sie machte die Frauen zu Konkurrentinnen der Männer um Arbeitsplätze. Da Frauen als billigere Arbeitskräfte bevorzugt eingestellt wurden (für sie waren Tarifsätze nicht gültig und so eine Unterbezahlung gang und gäbe), sahen sich die Männer in einer bedrohlichen Situation.[287] Die 'Effeminierung' der Wirtschaft – so das Schlagwort damals – schien Grund für deren katastrophalen Zustand zu sein.

> "Die Folge ist in Wirtschaft und Kultur eine zunehmende Effeminierung und eine Aufblähung des Flitterkonsums. Das Restaurant und das Café – beides ursprünglich Männerhäuser – werden von der Konditorei verdrängt. Uralte blühende Gewerbe wie die Brauerei, welche (...) fast hunderttausend Menschen beschäftigt, verkümmern zugunsten höchst labiler Neugründungen wie der Film-, Schokoladen- (...)industrie (...). Neben dem männlichen Verzichtsstil der 'neuen Sachlichkeit' drängt sich die weibliche Sucht nach neuen

---

285 Brecht, Gesammelte Werke, Bd. 2, S. 4.
286 Lethen, Neue Sachlichkeit, S. 31.
287 Vgl. Lethen, Neue Sachlichkeit, S. 37.

> Sachen (...) bedenklich durch ihre Mächtigkeit und Ausbreitung auf alle Interessensgebiete."[288]

Diese Vorgänge veränderten im sexuellen Bereich traditionelle Rollenmuster. Als Folge davon ergab sich für die Männer ein Konflikt: Einerseits sahen sie sich, subjektiv immer noch bestimmt durch Rollendenken, in Bedrängnis, auf der anderen Seite wurden ihnen de facto Aktivitäten abgenommen, so dass sie, statt in der Rolle des Werbers auftreten zu müssen, sich nun im Zustand des Umworbenen befanden.[289]

Die Kulturkritik der Zwanziger Jahre geriet angesichts dieser Entwicklungen in Panik. Zwar war der im Geschlechterkampf steckende Antagonismus (auf den auch Brecht in der eingangs dieses Kapitels zitierten Aussage anspielt) erkannt worden, aber nun, da der Einbruch der 'Amazonen', der "*Girls*" und die "*Herrschaft des amerikanischen Matriarchats*" nicht mehr aufzuhalten zu sein schien, galt es zurückzuschlagen.[290]
Der "*Amerikanismus*" wurde zum alarmierenden Zeichen für die Untauglichkeit traditioneller kultureller Herrschaftstechniken. Die Angst vor der Machtlosigkeit gegenüber den Frauen musste kompensiert werden.

> "Die Kulturkritik konterte den Versuch der Befreiung, indem sie den Frauen nachwies, daß sie sich mit der Tendenz des Kapitals verbündeten, um die Domänen der Sachverwalter der Kultur (als welche sich allein die Männer verstanden, Anm. d. Verf.) zu vernichten."[291]

Die Angst erwies sich jedoch als unbegründet. Männer genossen weiter ihre Privilegien, die Situation der Frauen hatte sich nicht wirklich verbessert.
So war eben auch die sexuelle Libertinage nicht Ausdruck eines größeren Selbstbewusstseins oder Selbstwertgefühls. Genau betrachtet war sie Folge des Umstandes, dass Frauen sich billig vermarkten ließen (und lassen mussten), um sich ihre Existenz zu sichern.

---

[288] Klaus Schrempf: Diktatur der Tatsachen. Berlin 1932, S. 151f.
[289] Vgl. Walter, Zeitkritik und Idyllensehnsucht, S. 153.
[290] Vgl. zu diesen Begriffen Lethen, Neue Sachlichkeit, S. 36.
[291] Lethen, Neue Sachlichkeit, S. 36.

Zusammenfassend lässt sich sagen, dass die veränderte Situation der Frau auf der ökonomischen Zwangslage beruhte und nicht Resultat eines selbst bestimmten Entwicklungsprozesses der Frauen war, durch den erst tiefer gehende und kontinuierliche Veränderungen möglich geworden wären.[292]

[292] An der historischen Entwicklung lässt sich auch ablesen, auf wie schwachen Füßen die angebliche Befreiung stand. Wie sonst ließe sich erklären, dass sich Frauen ein paar Jahre später zu 'Mutterkreuz-Trägerinnen' degradieren ließen. Ein ähnliches Phänomen war nach dem zweiten Weltkrieg festzustellen. Die 'Trümmerfrauen', die ebenfalls der Not gehorchend die Organisation ihres Lebens in die Hand genommen hatten, gaben sich in den 50er Jahren, als die Männer aus der Kriegsgefangenschaft heimgekehrt waren und sich regeneriert hatten, wieder mit der gesellschaftlich unbedeutenden Rolle der Hausfrau zufrieden und fielen damit wieder in alte Abhängigkeiten zurück.

3 Schlussteil

Nachdem im letzten Kapitel auf die Geschichte des Kabaretts und den soziokulturellen Hintergrund der herrschenden Sexualmoral eingegangen worden ist, lässt sich nun im Rückgriff auf den Interpretationsteil ein Resümee ziehen. In der Behandlung der beiden Autoren ist deutlich geworden, dass ihre Beurteilung in zentralen Punkten auseinander geht, so dass auf jeden Autor gesondert einzugehen ist.

3.1 Die 'reizende' Ohnmacht der Frau
Zu Erich Kästner

Unter den behandelten Gedichten Kästners ragt eine Gruppe besonders hervor, in der Sexualität in einer voyeurhaften Perspektive gesehen wird. Diese Perspektive ist Ausdruck eines Bewusstseins, das hinter einer scheinbar weltmännischen Offenheit eine im Grunde partielle Perspektive heimlich forciert: die männliche.

So verständlich diese Haltung, die als Merkmal aller Gedichte bezeichnet werden kann, als Reaktion auf eine Gesellschaft ist, die nur auf der "*Basis von Entkörperung*" funktioniert,[293] so kritisierbar bleibt doch das Unvermögen, ein Verfahren zu wählen, das entlarvend und damit aufklärerisch wirkt.

Den Zwiespalt, der sich in der "*Präsentation sexueller Aggression*" ausdrückt,[294] sahen wir historisch in dem veränderten Sexualverhalten der Frau in der Weimarer Republik und biographisch in der Mutterfixierung Kästners begründet. Diese Fixierung machte es ihm unmöglich, den Status quo der Geschlechterrollen kritisch zu hinterfragen, denn Anerkennung erfahren in seinen Versen nur Frauen, die in ihrem Verhalten dem Vorbild der Mutter und damit dem traditionellen Rollenmuster entsprechen. Dieser Zwiespalt realisiert sich literarisch als ein Schwanken zwischen rollengebundenem Denken und dem Versuch, die überkommene Keuschheitsideologie dem Spott preiszugeben.

[293] Sloterdijk, Kritik der zynischen Vernunft, S. 626.
[294] Walter, Zeitkritik und Idyllensehnsucht, S. 150.

Die Thematisierung von Sexualität sollte zwar zur "*Enttabuisierung der Promiskuität*" beitragen,[295] die Art der Darstellung aber zeigt oft allzu deutlich, dass auch jene nur einen weiteren Lustgewinn für Männer bringen sollte und verrät das heimliche Vergnügen an der Schilderung sexueller Aktivitäten, in denen die Frauen als Lustobjekte der Männer erscheinen. Diese Verdinglichung der Frau besteht auch da, wo im Rahmen der Rollenlyrik vorgegeben wird, dass sich weibliches Bewusstsein artikuliere. Das Fehlen einer komplexen Problemstellung begünstigt bei Kästner die zentrale Position des Fatums, das zwar als veränderungswürdig, aber zugleich auch als unveränderbar empfunden wird. Die reale Möglichkeit einer Veränderung würde nur dadurch eröffnet, dass die ökonomischen und soziokulturellen Bedingungen der Unfreiheit der Frau ihren Ausdruck fänden.

Formale Meisterschaft und sprachliche Artistik werden zum Selbstzweck, denn oft erscheint der Nachweis der Befähigung auf stilistischem Gebiet wichtiger als die adäquate ästhetische Vermittlung Erkenntnis fördernder Inhalte. Das Schielen nach dem Applaus des Publikums äußert sich in der Art der Behandlung eines Themas, die oft der Bestätigung alter Vorurteile dient. Die damit verbundene bzw. dadurch bedingte Konsumierbarkeit der Gedichte lenkt den Blick wieder zu der Frage nach Aufgabe und Funktion dieser Lyrik im Kontext der gesellschaftlichen Situation der Zwanziger Jahre.

Im Vergleich zu theoretischen Äußerungen Brechts und Benjamins wird das Defizit der Lyrik Kästners deutlich, denn sie wird dem Anspruch von Kunst, der Wirklichkeit ein sie transzendierendes Modell entgegenzustellen, nicht gerecht. Kästners Gebrauchslyrik versagt sich diesem Anspruch um so mehr, je weniger sie die Rezeptionssituation mit einbezieht. Darauf bezieht sich Brecht, für den der Gebrauchswert von Lyrik ein entscheidendes, auf den Bewusstseinsfortschritt des Rezipienten zu beziehendes Qualitätskriterium ist, wenn er schreibt:

[295] Kiesel, Erich Kästner, Autorenbücher, S. 64.

> "Aber wie, wenn die Leiden nicht vergangen sind? Wenn sie geblieben sind, wenn nicht für den Mann, der sie gesungen hat, so doch für die, welche nicht singen können?"[296]

Walter Benjamin wird noch deutlicher, wenn er Kästner vorwirft, mit seiner Lyrik weder die Entrechteten zu trösten, noch die Mächtigen zu gefährden:

> "Dieser Dichter ist unzufrieden, ja schwermütig. Seine Schwermut kommt aber aus Routine. Denn Routiniertheit heißt, seine Idiosynkrasien geopfert, die Gabe sich zu ekeln preisgegeben zu haben. Und das macht schwermütig."[297]

Kästner schreibe für die aufsteigende Schicht seiner Zeit, die Agenten, deren Denken durch Fatalismus gekennzeichnet sei. Er halte mit seinen Gedichten den Zeitgenossen keinen Spiegel vor, sondern trage ihnen vielmehr anbiederisch einen nach. So entbehrten seine Werke jeglicher politischer Bedeutung, verkämen zu einem Gegenstand des Vergnügens und würden "*aus einem Produktionsmittel in einen Konsumartikel*" verwandelt.[298] Der Wandel eines Gedichts zum Marktartikel der beginnenden Konsumgesellschaft unterwirft es auch deren Gesetzen, die auch für das ästhetische Produkt als Gütesiegel ihre flüchtige Konsumierbarkeit fordern. Ein konsumierbares Gedicht aber hat keinen Erkenntniswert über das bereits Gewusste hinaus. Erst wenn das Gedicht zum Produktionsmittel wird, "*mit* (dessen) *Hilfe es dem Leser gelingen kann, Wahrheit zu produzieren*",[299] vermag es eine aufklärerische Funktion zu übernehmen.

Was bedeuten diese Feststellungen in Bezug auf die Darstellung des Geschlechterverhältnisses?
Das Defizit an Selbstreflexion der jeweiligen männlichen Sprecher ist poetologisch das grundlegende Hindernis zur Überwindung traditionell vorherrschender Normen. Der Status der Frau als Objekt männlicher Sexualität wird nicht allein dadurch überwunden, dass das Objekt in scheinbar größtmöglicher Offenheit vorgeführt wird.

---

[296] Brecht, Die Lyrik als Ausdruck (1928). In: Gesammelte Werke, Bd. 18, S. 59.
[297] Benjamin, Linke Melancholie, S. 116.
[298] Benjamin, Linke Melancholie, S. 116.
[299] Hans Magnus Enzensberger: Scherenschleifer und Poeten. (In: Hans Bender (Hrsg): Mein Gedicht ist mein Messer. Ein Führer durch die Labyrinthe moderner Poesie. München, 1969, S. 146f.)

Erst die Relativierung des Status der Frau und damit einhergehend die Überwindung der Pose des Mannes als Akteur, Sieger und Genießer, würde die Basis für ein gleichberechtigtes Verhältnis der Geschlechter schaffen, in das sich beide (Mann und Frau) in ihrer spezifischen Art einbringen könnten. Dass dieser Horizont in Kästners Liebesgedichten nicht artikuliert wird, ist ihr Defizit und der Grund, ihnen trotz Enttabuisierung eine Beurteilung als aufklärerisch oder fortschrittlich abzusprechen.

3.2 Der 'gereizte' Gesellschaftskritiker und die unerfüllbare Sehnsucht nach Liebe Zu Kurt Tucholsky

Tucholskys Gedichte offenbaren in einer anderen Weise, wie schwierig das Verhältnis der Geschlechter ist.

Tucholsky wollte mit der Thematisierung von Sexualität schockieren und den (Spieß-)Bürger als Heuchler entlarven. Er geht davon aus, dass diese Bürger trotz der vorgegebenen Entrüstung heimliches Vergnügen an der Lektüre solcher Schriften haben – als Voyeure (vgl. "*Mißachtung der Liebe*"[300] und "*Wider die Liebe*"[301]).

Der voyeurhaften Haltung aber, die Tucholsky durch die Überbewertung der Sexualität verursacht sieht, widersetzen sich seine Gedichte, denn sie sind nicht konsumierbar: Weder wird im Titel Vielversprechendes angekündigt (im Gegensatz zu Kästner, bei welchem der Titel neugierig macht: "*Konferenz am Bett*", "*Präludium auf Zimmer 28*", "*Gebet keiner Jungfrau*", etc.), noch bietet das von ihm gewählte künstlerische Verfahren die Möglichkeit, sich an dem dargestellten Sachverhalt genießerisch zu delektieren, gestattet es doch keine ungebrochene Identifikation mit dem Vorgeführten.

Der spielerische Tonfall, in dem Tucholsky das Thema 'Sexualität' oft abhandelt, verdeckt aber nie, wie problematisch Sexualität erfahren wird. Diese Schwierigkeiten werden in den Gedichten als durch die männliche Triebhaftigkeit bedingte gesehen.

Zudem wird – und das ist entscheidend für ihre antizipatorische Qualität – in den Liebesgedichten Tucholskys ein 'Ich' sichtbar, das fühlt, dass die Deformiertheit der Gesellschaft zur Deformierung der eigenen Psyche beigetragen hat. Dies zeigt nicht nur die institutionalisierte Form der Liebe, die Ehe mit ihrem hohen Maß an Leid und Missverstehen auf, sondern bereits die – immer wieder thematisierte – Unmöglichkeit der Erfüllung von Sehnsucht in einer Liebesbeziehung macht dies deutlich. So bleibt es bei "*Sehnsucht nach der Sehnsucht*". Gefühle gedeihen nur da, wo sie keiner Praxis unterworfen sind.

---

[300] Tucholsky, Werke, Bd. 2, S. 189.

[301] Tucholsky, Werke, Bd. 2, S. 275.

Insgesamt zeigen Tucholskys Gedichte keine Lösungen, haben auch nicht den Anspruch, Trost zu sein. Vielmehr machen sie ein Defizit deutlich, denn sie verschleiern nicht, dass wir unter defizitären Bedingungen leben, die Liebe nicht gedeihen lassen, und verweisen somit darauf, dass, wie Ernst Bloch sagt, der Mensch etwas ist, "*was erst noch gefunden werden muß*".[302]

[302] Bloch, Spuren, S. 32.

4 Literaturverzeichnis

A. Zitierte Ausgaben von Kästners und Tucholskys Werken

Kästner, Erich: Gesammelte Schriften für Erwachsene.
Band 1: Gedichte
Band 2: Romane I
Band 3: Romane II
Band 4: Romane III
Band 5: Theater
Band 6: Vermischte Beiträge I
Band 7: Vermischte Beiträge II
Band 8: Vermischte Beiträge III
München/Zürich 1969

Kästner, Erich: Mein liebes gutes Muttchen, Du! Dein oller Junge. Briefe und Postkarten aus 30 Jahren. Ausgewählt und eingeleitet von Luiselotte Enderle, Hamburg 1981.

Tucholsky, Kurt: Gesammelte Werke (1960).
Band 1: 1907 – 1918
Band 2: 1919 – 1920
Band 3: 1921 – 1924
Band 4: 1925 – 1926
Band 5: 1927
Band 6: 1928
Band 7: 1929
Band 8: 1930
Band 9: 1931
Band 10:1932

(Hrsg. Von Mary Gerold-Tucholsky und Fritz J. Raddatz), 3. Auflage, Reinbek/Hamburg 1976.

B. Verzeichnis der zitierten oder in den Anmerkungen erwähnten Literatur

Adorno, Theodor W.: Valérys Abweichungen. (In: ders.: Noten zur Literatur, Bd. 2, Frankfurt/Main 1961, S. 42ff.

Adorno, Theodor W. und Eisler, Hans: Zeitungsausschnitte. (In: „Anbruch" 11 (1929), Heft 5.)

Allemann, Beda: Ironie als literarisches Prinzip. (In: A. Schäfer (Hrsg.): Ironie und Dichtung. Sechs Essays. München 1970, S. 11ff.)

Bauer, Roger u. a. (Hrsg.): Fin de siècle. Zur Literatur und Kunst der Jahrhundertwende. Frankfurt/Main 1977.

Beaugrande, Robert-Alain de und Dressler, Wolfgang U.: Einführung in die Textlinguistik, Tübingen 1981.

Beauvoir, Simone de: Das andere Geschlecht. Sitte und Sexus der Frau (Paris 1949), Deutsch von Eva Rechel-Mertens und Fritz Montfort (1951), 6.Auflage, Reinbek/Hamburg 1974.

Bemmann, Helga: Humor auf Taille. Erich Kästner. Leben und Werk. Berlin-Ost 1983.

Benjamin, Walter: Linke Melancholie. (In: Die Gesellschaft 8 (1931). Wiederabgedruckt u. a. in: Hans N. Fügen (Hrsg.): Wege der Literatursoziologie. Neuwied/Berlin 1968, S. 115ff.)

Best, Otto F.: Handbuch literarischer Fachbegriffe. Definitionen und Beispiele. Frankfurt/Main 1972.

Bloch, Ernst: Spuren (1930). 2. Auflage, Frankfurt/Main 1979.

Bovenschen, Silvia: Die imaginierte Weiblichkeit. Exemplarische Untersuchungen zu kulturgeschichtlichen und literarischen Präsentationsformen des Weiblichen. Frankfurt/Main 1979.

Brecht, Bertolt: Gesammelte Werke, Bd. 18 (Schriften zur Literatur und Kunst I),Frankfurt/Main 1976.

Brendel, Gerd Albert: Gebrauchslyrik. Zum Problem der lyrischen Dichtung in der Neuen Sachlichkeit. Zur neusachlichen Lyrik Lion Feuchtwangers, Bertolt Brechts und Erich Kästners. London 1975.
Budzinski, Klaus: Die Muse mit der scharfen Zunge. München 1961.

Dilthey, Wilhelm: Das Erlebnis und die Dichtung (1905). 15. Auflage, Berlin/Leipzig 1970.

Dressler, Wolfgang U.: Einführung in die Textlinguistik, Tübingen 1973.

Duden: Bd. 5: Fremdwörterbuch, Mannheim 1966.

Enzensberger, Hans Magnus: Scherenschleifer und Poeten. (In: Hans Bender (Hrsg.): Mein Gedicht ist mein Messer. Ein Führer durch die Labyrinthe moderner Poesie. München 1969, S. 144ff.)

Frauenhandlexikon: Stichworte zur Selbstbestimmung. Hrsg. Von Johanna Beyer, Franziska Lamott und Birgit Meyer, München 1983.

Goll, Ivan: Hai Kai. (In: „Die literarische Welt", Jg. 2, Nr. 48, 12. November 1926, S. 3.)

Grimm, Reinhold und Hermand, Jost: Die sogenannten Zwanziger Jahre. (First Wisconsin Workshop), Bad Homburg/Berlin/Zürich 1970.

Greul, Heinz: Bretter, die die Zeit bedeuten. Die Kulturgeschichte des Kabaretts. Bd. 1, durchges. und erw. Auflage, München 1971.

Harich, Wolfgang: Kästner wird fünfzig. (In: „Die Weltbühne", 4. Jg., Nr. 19, 22. Februar 1949, S. 293ff.)

Herchenröder, Jan: Gutes Kabarett in schlechter Zeit. Was Erich Kästner dafür tat. (In: Rudolf Wolff (Hrsg.): Erich Kästner. Werk und Wirkung. Sammlung Profile 1, Bonn 1983, S. 4ff.)

Horst, Karl August: Erich Kästner: Naivität und Vernunft. (In: Merkur 13, 1959, S. 1175ff.)

Kayser, Wolfgang: Das sprachliche Kunstwerk. 16. Auflage, Bern/München 1973.

Kesten, Hermann: Einleitung. (In: Erich Kästner: Gesammelte Schriften für Erwachsene. Bd. 1, München/Zürich 1969, S. 17ff.)

Keun, Irmgard: Das kunstseidene Mädchen. Berlin 1932.

Kiesel, Helmuth: Erich Kästner. Autorenbücher 26. (Hrsg. Von Heinz Ludwig Arnold und Ernst-Peter Wiekenberg), München 1981.

Klotz, Volker: Lyrische Anti-Genrebilder. (In: Walter Müller-Seidel (Hrsg.): Historizität in Sprach- und Literaturwissenschaft. Vorträge und Berichte der Stuttgarter Germanistentagung 1972, München 1974, S. 479ff.)

Konjetzky, Klaus: Die karge Dramaturgie des Scheiterns. (In: Jan Hans (Hrsg.): Seit du weg bist. Liebesgedichte danach. Reinbek/Hamburg 1982, S. 54f.)

Kreuzer, Helmut: Trivialliteratur als Forschungsproblem. (In: Deutsche Vierteljahresschrift, Nr. 41, 1967, S. 173ff.)

Leisi, Ernst: Paar und Sprache. Linguistische Aspekte der Zweierbeziehung. Heidelberg 1978.

Leonhardt, Walter: Sachlich um der Leser willen. (In: Marcel Reich-Ranicki (Hrsg.): Frankfurter Anthologie, Bd. 2, Frankfurt/Main 1977, S. 168f.)

Lethen, Helmut: Neue Sachlichkeit 1924 – 1932. Studien zur Literatur des „Weißen Sozialismus". 2. durchges. Auflage, Stuttgart 1975.

Lexer, Matthias: Mittelhochdeutsches Taschenwörterbuch. 34. Auflage, Stuttgart 1974.

Link, Jürgen: Das lyrische Gedicht als Paradigma des überstrukturierten Textes. (In: Helmut Brackert und Eberhard Lämmert (Hrsg.): Funk-Kolleg Literatur, Bd. 1, 2. Auflage, Frankfurt/Main 1979, S. 234ff.)

Loos, Anita: Blondinen bevorzugt. München 1927.

Lotman, Jurij M.: Die Struktur literarischer Texte. München 1972.

Lotman, Jurij M.: Vorlesungen zu einer strukturalen Poetik. München 1972.

Marx, Karl und Engels, Friedrich: Gesamtausgabe. 1. Abteilung, Bd. 3 (Ökonomisch- philosophische Manuskripte (1844)). Berlin 1932.

Mead, Margaret: Mann und Weib. Das Verhältnis der Geschlechter in einer sich wandelnden Welt. (Deutsch 1958), 11. Auflage, Hamburg 1977.

Meyers Enzyklopädisches Lexikon: 9. Auflage, Bd. 15, Mannheim/Wien/ Zürich 1975.

Nickelsen, Monika: Über das Altern von Frauen in den Gedichten von Männern. (In: Osloer Beiträge zur Germanistik, Bd. 8 (Frauen und Frauenbilder.

Dokumentiert durch 2000 Jahre), Veröffentlichung des Germanistischen Instituts der Universität Oslo 1983, S. 129ff.)

ORF-Radiosendung: Schlager für Fortgeschrittene. Vom 2. Januar 1983.

Pinthus, Kurt: Männliche Literatur. (In: Stefan Großmann (Hrsg.): Das Tagebuch 10, 1928, Nachdruck: Königstein/Taunus 1981, S. 903ff.)

Riha, Karl: Literarisches Kabarett und Rollengedicht. Anmerkungen zu einem literarischen Typus in der deutschen Literatur nach dem Ersten Weltkrieg. (In: Wolfgang Rothe (Hrsg.): Die deutsche Literatur in der Weimarer Republik. Stuttgart 1974, S. 382ff.)

Riha, Karl: Moritat, Bänkelsang, Protestballade. 2. durchges. und erw. Auflage, Königstein/Taunus 1979.

Ruttkowski, Wolfgang: Das literarische Chanson in Deutschland. Bern/München 1966.

Schneider, Peter: Die Sache mit der "Männlichkeit". Gibt es eine Emanzipation der Männer? (In: Hans Magnus Enzensberger, Karl Markus Michel und Harald Wieser (Hrsg.): Kursbuch 35 (Verkehrsformen. 1. Frauen Männer Linke. Über die Schwierigkeiten ihrer Emanzipation.) Frankfurt/Main 1974, S.103ff.)

Schneyder, Werner: Erich Kästner. Ein brauchbarer Autor. München 1982.

Schulz, Klaus Peter: Kurt Tucholsky in Selbstzeugnissen und Bilddokumenten. Reinbek/Hamburg 1959.

Schwarz, Egon: Keine Jungfernkränze. (In: Marcel Reich-Ranicki (Hrsg.): Frankfurter Anthologie, Bd. 2, Frankfurt/Main 1977.)

Schweizer Lexikon: Bd. 4, Zürich 1947.

Sloterdijk, Peter: Kritik der zynischen Vernunft. Bd. 2, Frankfurt/Main 1983.

Wagener, Hans (Hrsg.): Deutsche Liebeslyrik. Stuttgart 1982.

Wahrig, Gerhard (Hrsg.): Deutsches Wörterbuch. Gütersloh 1970.
Walter, Dirk: Zeitkritik und Idyllensehnsucht: Erich Kästners Frühwerk (1928 – 1933) als Beispiel linksbürgerlicher Literatur in der Weimarer Republik. Heidelberg 1977.

Wapnewski, Peter: Deutsche Literatur des Mittelalters. Göttingen 1975.

Wilpert, Gero von: Sachwörterbuch der Literatur. 5. Auflage, Stuttgart 1969.

Winkelman, John: Social Criticism in the early works of Erich Kästner. Columbia/Miss. 1953.

Zahl, Peter Paul: Herz-Schmerz. (In: Jan Hans (Hrsg.): Seit du weg bist. Liebesgedichte danach. Reinbek/Hamburg 1982, S. 74f.)

Zwerenz, Gerhard: Kurt Tucholsky. Biographie eines guten Deutschen. München 1979.

ibidem-Verlag
Melchiorstr. 15
D-70439 Stuttgart

info@ibidem-verlag.de

www.ibidem-verlag.de
www.edition-noema.de
www.autorenbetreuung.de

FSC
www.fsc.org
MIX
Papier | Fördert
gute Waldnutzung
FSC® C083411

Zeitfracht Medien GmbH
Ferdinand-Jühlke-Straße 7
99095 Erfurt, Deutschland
produktsicherheit@kolibri360.de